Weitere Titel siehe letzte Seite.

Ein WAS IST WAS Buch

Papageien und Sittiche

Von Petra Deimer

Illustriert von Karl-Heinz Wieland und Reiner Zieger

Tessloff Verlag

Vorwort

Papageien sind auf nahezu allen Kontinenten zu Hause. Sie haben sich dem Dickicht tropischer Regenwälder, der Dürre von Steppen und sogar dem unwirtlichen Hochgebirge angepaßt. Viele sind ausgezeichnete Flieger, andere hervorragende Kletterer. Sie benutzen ihre Füße wie Menschen ihre Hände, um Nahrung zum Schnabel zu führen. Papageien sind sehr intelligente Vögel. Manche Arten lernen erstaunlich gut sprechen und ahmen die unglaublichsten Geräusche nach.

Leider hat der Mensch schon viele Arten dieser Krummschnäbel an den Rand der Ausrottung gebracht. In aller Welt werden ihre Lebensräume zerstört und verändert. Zehntausende werden jedes Jahr für den sogenannten Liebhaber-Handel gefangen. Höchstens 20 Prozent dieser Wildfänge überleben die Qualen von Fang, Transport und Eingewöhnung.

Zum Glück gibt es inzwischen immer mehr Bemühungen, den Handel mit Wildfängen zu unterbinden. Durch das „Washingtoner Artenschutzübereinkommen“ ist der Handel mit den meisten Arten verboten oder nur mit Sondergenehmigungen möglich. Aus freier Wildbahn stammende Papageien gehören nicht hinter Gitter oder in unsere Wohnzimmer! Es werden ausreichend Papageien aus Nachzuchten, wie Wellensittiche, Nymphensittiche und Kleine Alexandersittiche, angeboten.

Zugegeben, auch ich besitze Papageien – zwei Graupapageien. „Vasco“ lebt bei mir schon 27 Jahre und hat seit einigen Jahren einen Partner, „Mecki“. Mecki habe ich „gebraucht“ übernommen, weil ich den Handel auf keinen Fall unterstützen wollte.

Bei mir zu Hause leben die beiden Grauen auf völlig freiem Fuß. So haben sie noch Glück im Unglück – ein Leben, fast wie in Freiheit.

Damit die vielen in Gefangenschaft lebenden Papageien ebenso artgerecht gehalten werden wie meine Grauen, habe ich dieses WAS IST WAS-Buch geschrieben, in das all meine Erfahrungen mit den Krummschnäbeln eingeflossen sind.

Petra Deimer

WAS IST WAS, Band 92

Dieses Buch ist auf chlorfrei gebleichtem Papier gedruckt.

Bildquellennachweis:
Fotos: Ardea, London: S. 20 r; Thomas Arndt, Bretten: S. 3, S. 21 ur, S. 27, S. 29, S. 37; Petra Deimer, Hamburg: S. 1, S. 12, S. 13, S. 34, S. 39, S. 41; Department of Conservation, Wellington (Neuseeland): S. 22 l; Environmental Investigation Agency, London: S. 42, S. 43; Dr. Jochen Helms, Berlin: S. 17; Claus C. Nielsen, Havdrup (Dänemark): S. 16 o, S. 33; Okapia, Frankfurt a. M.: S. 21 l; Hans Reinhard, Heiligenkreuzsteinach: Cover, S. 6, S. 7, S. 21 or, S. 22 or, S. 22 ul, S. 26 u, S. 38, S. 48; Hans-Jürgen Schütte, Hamburg: S. 40 o; S. 46, S. 47 l, S. 47 r.; Silvestris Fotoservice, Kastl: S. 9 o, S. 9 u, S. 10, S. 14, S. 16 u, S. 20 l, S. 26 o, S. 28 o, S. 31, S. 35, S. 40 u, S. 44 r, S. 45; Dr. Hans Strunden, Essen: S. 28 u; WWF Bildarchiv, Hamburg: S. 15, S. 44 l.
Illustrationen: Karl-Heinz Wieland S. 6, 7, 8, 10, 11, 12, 13, 14, 24/25, 30, 36, 39, 41; Reiner Zieger S. 4/5, 18/19, 23, 31, 32

ISBN 3-7886-0634-7

Inhalt

Papageien näher betrachtet

Die Vogelfamilie der Papageien

Wie der Name „Feigenpapagei" schon verrät, ernährt sich dieser kleine Vogel von den Früchten der Feige.

Auf fast allen Kontinenten zu Hause

Das Familienleben der Papageien

Sprechkünstler Papagei

Papageien in Käfig und Voliere

Papageien brauchen unseren Schutz

Der Graupapagei (1) erscheint uns in Gestalt, Schnabelform und Schwanz als „Normaltyp“ der Papageien. Sein schlichtes Federkleid weicht dagegen vom meist farbenfreudigen Gefieder der anderen Arten ab.
Den größten Hakenschnabel hat der Arakakadu (2), einen schmaleren, wenig gekrümmten der Borstenkopf (3).
Mehr als die Hälfte der Körpergröße macht die Schwanzlänge beim Ararauna (4) aus, ebenso beim Langschwanzsittich (5). Auffällige Schwanzschmuckfedern trägt der Spatelschwanz (6). Die kleinen Spechtpapageien (7) stützen sich beim Klettern mit ihren kräftigen, starren Schwanzfedern ab.

Papageien näher betrachtet

Was ist das auffallendste Merkmal der Papageien?

Ohne Frage – der Schnabel. Kaum ein anderes Tier gibt sich so leicht an einem typischen Merkmal zu erkennen, wie ein „Krummschnabel" an seinem mächtigen und kräftigen Werkzeug für wirklich alle Fälle. Der Schnabel ist fast bei allen Papageienvögeln groß, dick und auffällig. Den längsten Schnabel hat der Arakakadu. Er wird etwa 10 Zentimeter lang.

Wie bei allen Vögeln besteht er aus einem Oberschnabel und einem Unterschnabel. Beide Teile gehören zu den Kieferknochen und sind mit Horn überzogen. Während der Unterschnabel verbreitert ist und an eine Kelle erinnert, ist der Oberschnabel gekrümmt und läuft nach unten spitz zu. Einen ähnlichen Schnabel haben auch Fleischfresser, wie Adler oder Eulen. Bei den Papageien dient der Hakenschnabel in erster Linie dazu, pflanzliche Nahrung, wie Körner und Kerne, vor dem Herunterschlucken zu zerkleinern. Beim Öffnen dreht sich der Oberschnabel aufwärts um ein Gelenk, so daß die Vögel den Schnabel besonders weit öffnen können. Nur Flamingos oder Nashornvögel können ihren Oberschnabel noch weiter anheben.

Die Kakaduartigen, wie der Arakakadu (2), der Inkakakadu (8) oder der Helmkakadu (9), tragen eine auffallende Federhaube. Der Fächerpapagei (10) dagegen kann seine Nackenfedern bei Erregung aufstellen.

Damit ein Papagei zum Beispiel harte Nüsse knacken kann, hat der Oberschnabel an der Unterseite sogenannte Feilkerben. Diese harten Querleisten dienen zum Festhalten beim Öffnen einer Nuß oder eines Samens. Mit ihnen wird aber auch der Unterschnabel geschärft, damit er stets messerscharf ist. Seinen Unterschnabel kann ein Papagei schlittenartig hin- und herbewegen, zum Beispiel, um Hülsen von Samen zu schälen. Dabei ist es wirklich verblüffend, wie geschickt auch die großschnäbligsten Papageien mit viel Geduld und Ausdauer selbst kleinste Kerne öffnen können.
Mit ihrem Schnabel fressen und trinken die Papageien aber nicht nur.
Auch zum Graben und Bohren in der Erde oder unter der Rinde von Bäumen ist er bestens geeignet, wenn Papageien an Insekten oder Würmer gelangen wollen. Manche graben auch Wurzeln und Knollen damit aus. Sogar als Fruchtpresse benutzen sie ihn.
Aber mit dem Schnabel können Papageien noch mehr: Höhlen in Baumstämme zimmern und ausbauen oder in Felsspalten anlegen. Besonders zur Brutzeit sind die Tiere eifrig mit der Schnabelarbeit, und der Schnabel wächst schneller nach als sonst.
Selbstverständlich ist er auch eine wirksame Waffe. Mit ihm werden Feinde angegriffen oder Rivalen weggebissen. Doch der Partner wird mit dem Schnabel zärtlich gekrault – manchmal stundenlang.
Wie auch bei Greifvögeln oder Tauben ist der obere Bereich des Oberschnabels mit einer weichen, sogenannten Wachshaut überzogen, in der die kreisrunden Nasenlöcher sitzen. Bei manchen Papageienarten ist die Wachshaut auch befiedert und wenig auffällig, bei anderen ist sie nackt.
In der Wachshaut, wie auch im weiteren Verlauf des Schnabels, liegen viele Nerven, so daß die Krummschnäbel mit ihrem „Allround-Werkzeug" auch erstaunlich gut fühlen können. Außerdem verrät beim Wellensittich zum Beispiel die Farbe der

Unter allen Papageien hat der Arakakadu, in Australien auch Palmkakadu genannt, den größten Schnabel. Er sägt damit sogar Löcher in Nüsse.

Sowohl Oberschnabel, meistens hat er Feilkerben, als auch Unterschnabel sind mit dem Schädel durch Gelenke verbunden und sehr beweglich.

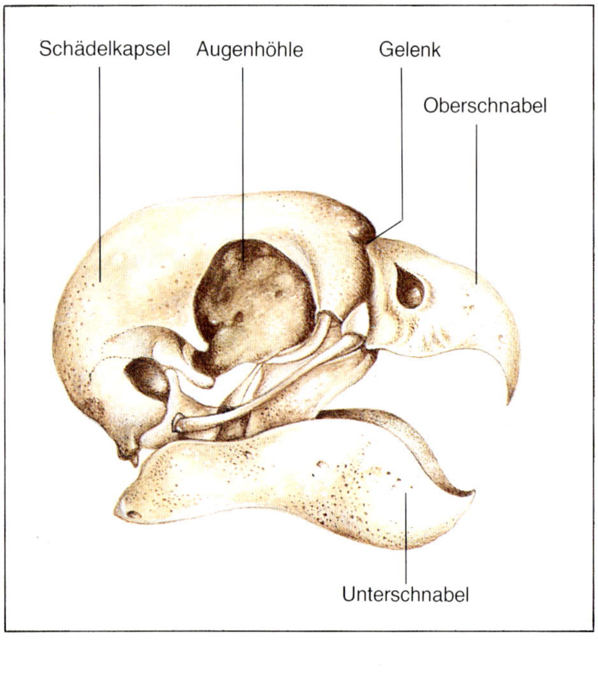

Hellrote Aras, gebürtige Südamerikaner: Schmusen und soziale Gefiederpflege sind die Lieblingsbeschäftigung aller Papageienpaare.

Wachshaut, ob der Vogel Männchen oder Weibchen ist. Sie ist beim Männchen blau, beim Weibchen rosa.
Der Schnabel ist meist beige, rosa oder schwarz. Manche Loris und der Halsbandsittich haben jedoch einen leuchtend roten Schnabel.

Wie ist der Körper dieser Vögel gebaut?

Weil der Kopf den großen Schnabel tragen muß und weil die Muskeln, die am Schnabel ansetzen und ihn bewegen, für ihre starke Arbeit viel Angriffsfläche brauchen, haben alle Papageien einen recht großen und schweren Kopf. Durch die große Masse an Kopfmuskulatur und den großen Schnabel sind die Vögel vorn überlastig geworden. Mit einer senkrechten Körperhaltung gleichen sie das aus. Der relativ kurze Hals hilft ihnen dabei. Sie stehen oder hocken also aufrecht.

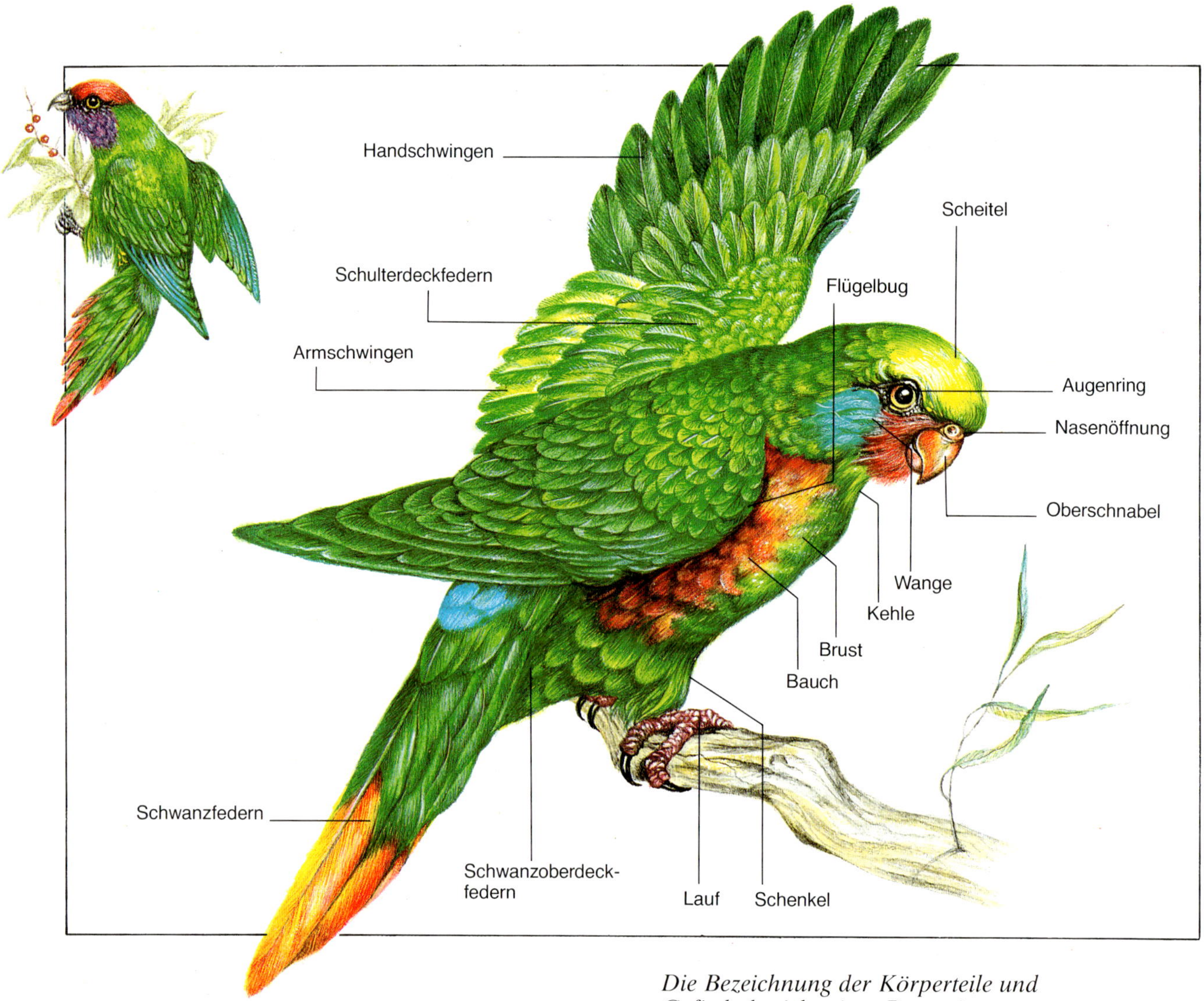

Die Bezeichnung der Körperteile und Gefiederbezirke eines Papageien.

Ihr Skelett, das Knochengerüst, ist kurz und stämmig mit einem stabilen, breiten Becken. Es erinnert ein wenig an das von Enten. In den Knochen gibt es, wie auch bei anderen flugfähigen Vögeln, Hohlräume mit Lufteinschlüssen, damit die Tiere möglichst leicht sind. Luftgefüllte Säcke reichen von der Lunge aus auch zwischen die Muskulatur und die Haut und dienen der Lunge als eine Art Blasebalg. Überhaupt haben Vögel die leistungsfähigsten Atemorgane unter den Wirbeltieren. Kein Wunder, denn fliegen kostet Kraft.

Wie bei allen Wirbeltieren schützt der Brustkorb mit den Rippen die Lunge und das Herz.

Die Körperdecke besteht, wie bei anderen Vögeln auch, aus Federn. Dabei geben die Deckfedern dem Körper die äußere Form und verleihen ihm auch die typische Färbung. Sie sind wasserabweisend, solange der Vogel sie dicht anlegt, und sorgen auch für die günstige Stromlinienform beim Fliegen. Unter den Deckfedern liegen die weniger farbigen Daunen, eine Art wärmendes Unterhemd. Sie sind weich und flauschig. An den Flügeln mit den Oberarm-, Unterarm- und Fingerknochen sowie am Schwanz sitzen die Schwungfedern und die Steuerfedern. Fast alle Papageien haben zwölf Schwanzfedern, die bei manchen Arten, wie den Aras und Wellensittichen, sehr lang sind. Bei anderen, wie den Kakadus und Amazonen, sind sie besonders kurz. Darüber hinaus haben auch die Papageien Spezialfedern, wie Puderfedern, manche haben Schmuckfedern, wie die für die Hauben der Kakadus.

Ein besonderes Merkmal für Vögel ist, daß sie fliegen können. Gute Flieger sind zum Beispiel Mauersegler oder die großen Albatrosse über dem Meer. Auch viele Papageien sind gute Flieger, andere hingegen können vor allem gut klettern.

Können alle Papageien fliegen?

Gute Flieger müssen die Papageien in den trockenen Regionen Australiens sein, wo sie mitunter weite Strecken überwinden müssen, um Wasser zu finden. Andere, wie die Graupapageien Afrikas, brauchen zwischen Futter- und Schlafplatz meist nicht allzu weit zu fliegen. Sie fliegen eher etwas schwerfällig.

Unter den Vögeln gibt es Arten, die nicht mehr fliegen können. Dazu gehören die Pinguine in der Antarktis, die hauptsächlich dem Leben im Wasser angepaßt sind und auf dem Eis kaum Feinde haben, vor denen sie fliehen müßten. Flugunfähig ist auch der Kakapo oder Eulenpapagei. Auch er hat das Fliegen „verlernt", weil er in seiner Heimat Neuseeland ursprünglich keine Feinde hatte. Er lebt am Boden und zieht dort auch seine Jungen auf. So war es schon für die Polynesier im 14. Jahrhundert leicht, den Vogel zu jagen. Nahezu ausgerottet wurde er aber erst im 19. Jahrhundert, als die europäischen Einwanderer kamen. Sie töteten die Vögel für den Kochtopf. Doch schlimmer noch als die Nachstellungen durch Menschen wirkten sich die miteingeschleppten Tiere aus, wie Ratten, Füchse oder Frettchen. Sie stahlen die Eier oder Küken, töteten aber auch Altvögel.

Die ebenfalls vom Menschen mitgebrachten Gemsen und Hirsche schadeten den Papageien, da sie ihre Gelege zertrampelten. So kam es, daß der Kakapo als Nichtflieger alsbald zu den am stärksten gefährdeten Papageien zählte. Heute versucht die neuseeländische Regierung mit viel Aufwand, den Vogel wenigstens in speziellen Schutzgebieten zu erhalten.

Der Gebirgslori gehört, wie alle Loris und Papageien und Sittiche mit langen Schwanzfedern, zu den besonders guten Fliegern.

Der durch seine Färbung gut getarnte Erdsittich lebt in Sumpf-, Heide- oder Graslandschaften. Er ist ein guter und schneller Läufer.

Alle Papageien leben auf großem Fuß.

Warum haben Papageien so große Füße?

Und wenn sie auf dem Boden laufen, sehen sie urkomisch aus. Denn fast alle gehen über den „großen Onkel“.

Bei den Papageien zeigen zwei Zehen nach vorn und zwei nach hinten. Das hat seinen Sinn: Die Krallen sind Greifwerkzeuge, sie funktionieren wie eine Hand. Damit können die Besitzer ihre Nahrung sowohl greifen als auch festhalten und sie schließlich zum Schnabel führen oder in aller Ruhe halten und – wenn nötig – bearbeiten. Das ist zumindest bei harten Nüssen durchaus nötig. Dabei gibt es Papageien, die ihre Kost lieber mit der rechten Kralle halten und solche, die lieber die linke zum Schnabel führen. Es gibt also Rechts- und Linksfüßer.

Ein weiterer Sinn in der paarigen Stellung der Zehen liegt darin, daß die Papageien, wie auch die Spechte, mit ihren Füßen ausgezeichnet klettern können: Baum und Rinde rauf wie runter. In jeder Richtung finden sie bestens Halt. Sie können sich auch über längere Zeit mit dem Kopf nach unten im Geäst aufhängen; der Fledermauspapagei schläft sogar in dieser Stellung und hat von daher auch seinen Namen.

Turnen, wie bei dieser Gelbnackenamazone, gehört zur Nahrungssuche, aber auch zu Spaß und Vergnügen.

Wie es bei den Menschen Rechts- und Linkshänder gibt, so sind auch Papageien Rechts- oder Linksfüßer.

Nicht gar so komisch beim Fußmarsch auf ihren großen Füßen sehen die Eulenpapageien oder Kakapos sowie die Erdsittiche aus. Denn sie leben fast ausschließlich am Boden und sind – anders als die typischen Kletterer oder Flieger – diesem Lebensraum hervorragend angepaßt.

Außer der Fortbewegung und dem Greifen dienen die kräftigen Krallen auch dem Kampf und dem Liebkosen. Kämpfen zwei Feinde miteinander, dann versuchen sie, sich gegenseitig mit den Krallen festzuhalten, um sich besser behacken zu können. Dabei greifen sie mitunter kräftig zu. Es sieht aus, als wollten sie nicht finger-, sondern fußhakeln. Wenn der Kampf noch zu vermeiden ist, benutzen die Gegner die jetzt geballte Kralle auch gern zum Drohen, indem sie sie hoch- und niederstrecken.

Andererseits können die mit Hornhaut beschuppten Füße durchaus zärtlich und lieb sein. So, wenn sich die Partner leidenschaftlich kraulen. Sie halten einander dabei zärtlich per Füßchen fest und treten dem anderen auch schon mal mitten ins Gesicht.

Damit die Spitzen der Krallen immer schön geschärft sind, werden sie mit dem Schnabel bearbeitet, abgefeilt und abgeknipst. Dazu dient wiederum die scharfe Kante des Unterschnabels.

Welches sind die besten Sinnesorgane der Papageien?

Typisch für Vögel ist, das gilt auch für die Papageien: Sie können vermutlich nicht oder nur schlecht riechen. Besser ist sicherlich ihr Geschmackssinn. Beispielsweise können Graupapageien sehr wohl unterscheiden, was ihnen schmeckt und was nicht. Der Geschmack spielt für die Auswahl der Nahrung eine wichtige Rolle.

Das Gehör ist ganz sicher sehr gut. So können Jungvögel nicht nur hören, wenn ihre Eltern die Bruthöhle anfliegen, sondern sie können auch ihre Eltern von anderen Vögeln an der Stimme unterscheiden. Letztlich könnten Papageien nicht so gut sprechen und Geräusche nachahmen, wenn sie nicht auch gut hören würden. Außerdem ist das Gehör natürlich wichtig, um Gefahren wahrzunehmen. Das gilt nicht zuletzt für die dämmerungsaktiven Vögel, wie den Eulenpapagei.

Am allerbesten funktionieren bei Papageien, wie bei fast allen Vögeln, die Augen. Vögel sind ausgesprochene Augentiere. Ähnlich wie ein Zoomobjektiv können sie Gegenstände sowohl im Nah- als auch im Fernbereich scharfstellen. Sie können mit beiden Augen kombiniert, aber auch mit jedem Auge unabhängig sehen. Wenn sie einen Gegenstand genau „unter die Lupe nehmen", stellen sie den Kopf schief und betrachten ihn mit einem Auge ganz genau. Dabei kommt ihnen zugute, daß sie ihren Hals weit drehen können.

Die Stellung der Augen, seitlich am Kopf, ermöglicht ihnen ein weites Gesichtsfeld, das nur nach hinten einen „toten Winkel" hat. Zudem stehen die Augen etwas hervor, wodurch das Rundumsehen verbessert wird. Papageien können auch Farben unterscheiden.

Manche Papageien haben um das Auge einen nackten Ring oder sogar eine nackte „Motorradbrille". Bei den Graupapageien ist sie leuchtend weiß. Das Weiß fällt besonders auf, wenn die Grauen im Dämmerlicht sitzen. Während die Vögel selbst dann kaum noch zu erkennen sind, kann

Während Graupapageien (Mitte) nackte Augenringe haben, sind sie bei manchen Aras (rechts) teilweise, bei Amazonen (links) ganz befiedert.

man ihre „Motorradbrille" noch sehen. Möglich, daß hierin auch die Funktion besteht.
Bei manchen Aras ist dieser Bereich zwar auch nackt, hat aber ein ganz bestimmtes, mit kleinen Federn besetztes Muster, so daß eine Gesichtszeichnung entsteht.

Wie putzen sich Papageien?

Vor allem sehr ausgiebig und möglichst mehrmals am Tag. Papageien sind sehr reinliche Tiere. Schon nach dem Aufwachen kommt die erste morgendliche Toilette. Geschickt erreicht der Papagei dank seines sehr drehbaren Halses fast alle Körperpartien und zieht jede Feder einzeln glättend durch den Schnabel. Hin und wieder entnimmt er seiner Bürzeldrüse etwas Fett und verteilt es durch reibende Kopfbewegungen oder mit dem Schnabel im Gefieder. Nur die Partien am Kopf kann er mit dem Schnabel nicht erreichen. Sie werden mit der Kralle bearbeitet. Es sind die Körperstellen, die der Partner bei der sozialen Gefiederpflege mit größter Hingabe krault.

Sooft es die Zeit erlaubt, putzt ein Papagei sein Gefieder, mindestens aber dreimal am Tag.

Fast alle Papageienarten, wie hier Gelbschulteramazonen, bleiben als Paar ein ganzes Leben lang zusammen.

Wie schlafen Papageien?

Wer viel arbeitet, muß auch ruhen. Das gilt auch für Papageien. Einerseits haben sie mit der Nahrungssuche zu tun, andererseits müssen sie sich um ihren Nachwuchs kümmern. Stets sind sie auf der Hut vor Feinden, und sie schnattern mit den Nachbarn um die Wette oder unterhalten sich mit ihrem Partner. Das alles kostet Kraft.
Mit der Sonne stehen nicht nur die Hühner, sondern auch die meisten Papageien auf. Besonders in den Tropen erfolgt das sehr pünktlich und plötzlich. Die Sonne geht schnell auf – und unter. Der Tag dauert zwölf Stunden, die Nacht auch. Die Vögel räkeln sich nicht lange, sondern sind schnell hellwach. Nach dem morgendlichen Putzen fliegen sie aus und suchen Futter.
Um die Mittagszeit, wenn es am wärmsten ist, machen sie, wie die meisten tagaktiven

Tiere, eine kleine Pause. Ein Bein wird unter das Gefieder gezogen. Die Federn stehen weit auseinandergeplustert. Nun wird noch der Unterschnabel am Oberschnabel hin und her gewetzt. Dieses Ritual könnte zum Putzen gehören. Schließlich fallen die Augen zu. Erst wird noch eine Weile geblinkert. Dann bleiben die Lider unten. Ein Kurzschlaf folgt. Wenn die Papageien tief schlafen wollen, stekken sie den Kopf hinten in das Gefieder. Das machen sie meist nachts, weniger aber am Tag, es sei denn, sie sind erschöpft von einem langen Ausflug oder von einer plötzlichen Aufregung.

Dieser Gelbbrustara wird gleich einschlafen: Er vergräbt seinen Kopf tief im Rückengefieder.

Wenn sie eine Bruthöhle im Dauerbesitz haben, nutzen sie sie mittags, vor allem aber nachts als Schlafhöhle. Der Partner geht am liebsten mit. So können die Tiere sich dicht aneinanderschmiegen. Hin und wieder putzen oder balgen sie sich – auch mitten in der Nacht. Allerdings bleiben sie dabei ganz still, geben kaum einen Laut von sich. Das ist auch sicherer, denn nur zu leicht könnten sie sich Feinden gegenüber verraten.

Eine ganz besondere Schlafgewohnheit haben die Fledermauspapageien. Sie hängen sich zum Schlafen mitunter wie die Fledermäuse an den Beinen in ihrer Bruthöhle oder an Ästen auf. Den lieben langen Tag verschlafen die dämmerungs- bis nachtaktiven Vögel.

Was fressen die Krummschnäbel?

Der Schnabel verrät bereits, daß Papageien das vielseitigste Futter zu sich nehmen. Dank ihrer enormen Kraft im Schnabel können besonders große Aras, wie die Hyazintharas, leicht die härtesten Paranüsse knacken. Aber auch klei-

Der blau-gelbe Hyazinthara aus Südamerika ist mit einer Gesamtlänge von rund einem Meter der größte unter den Papageien.

Der Schuppenlori Australiens ist ein typischer Bewohner feuchter Savannen. Gern sucht er aber auch Plantagen auf.

nere Arten schaffen Erstaunliches. So sucht ein Graupapagei so lange mit der Zunge und dem Ober- und Unterschnabel nach einer schwachen Stelle, bis auch er eine Walnuß gesprengt hat.
Von Natur aus sind die Graupapageien auf die Früchte der Ölpalme spezialisiert. Vermutlich nehmen sie aber, wie viele andere Arten, auch tierisches Eiweiß in Form von Insekten oder Würmern auf.
Selbstverständlich fressen sie auch Früchte oder trinken zumindest den Saft. In freier Natur nagen sie auch an Holz oder Rinde. Außerdem brauchen sie Mineralien. Um diese aufzunehmen, fliegen beispielsweise die Graupapageien in großen Schwärmen an austrocknende Tümpel oder Wasserlöcher.
Aras versammeln sich gern an abgebrochenen Lehmwänden im Urwald oder an ausgewaschenen Steilufern von Flüssen. Solche „Barreiros" sind wie Apotheken im Urwald. Während fast alle Mineralien und Spurenelemente in der Vielzahl von Pflanzenarten gespeichert sind, werden diese „Mangelstoffe" hier freigelegt und stehen den Tieren zur Verfügung. Als Ballaststoffe nehmen die Vögel auch kleine Steinchen und Sand auf, die helfen, die Nahrung im Muskelmagen zu zerkleinern. Sie bilden keine Magensäfte, die diese Aufgabe zum Beispiel bei uns Menschen übernehmen.
Ein echter Nahrungsspezialist ist der südamerikanische Rotbauchara. Er ernährt sich nach Angaben des Autors Thomas Arndt fast nur von den Früchten der Buriti-Palme. Aber damit nicht genug. Er brütet auch in abgestorbenen Buriti-Stümpfen und schläft in Buriti-Plantagen.
Ganz auf Feigen haben sich die danach benannten Feigenpapageien Neuguineas eingestellt. Loris werden auch Honigpapageien genannt, weil sie Nektar und Blütenstaub fressen. Als besonderes „Eßbesteck" haben sie eine Pinselzunge, das heißt, sie ist dicht mit kleinen „Pinseln" besetzt und ähnelt einer rauhen Bürste.

Pinselzunge eines Lori.

Damit können die meist sehr bunten Vögel den Pollen von den Staubgefäßen der Blüten besonders gut aufnehmen. Bevor ein Lori den Pollen schluckt, formt er mit Hilfe seines Speichels einen Klumpen daraus. Als Zusatzkost nehmen auch die Loris kleine Insekten auf, die in den Blüten oder auf reifen Früchten sitzen. Die Feilkerben der Loris sind an der Unterseite des Oberschnabels zurückgebildet.
Der Moschuslori frißt fast ausschließlich Blüten des Eukalyptus, die aber auch von vielen Kakadus nicht verschmäht werden. Auf die Früchte des Eukalyptus haben sich vor allem Rotkappensittiche spezialisiert.

Insektenspezialisten scheinen die Rabenkakadus zu sein. Sie bohren unter der Rinde von Eukalyptusbäumen nach diesen Leckerbissen oder graben sie aus morschem Holz aus. Auch die kleinen Spechtpapageien verschmähen Insektenkost nicht. Daneben fressen sie für Papageien wenig übliches Futter, wie Flechten und Pilze, die auf Bäumen wachsen.

In geradezu schlechtem Ruf stehen die Keas Neuseelands. Während diese dämmerungsaktiven Vögel normalerweise Beeren, Wurzeln, Nektar, Käfer und Larven fressen, verachten sie auch Schaffleisch und Schaffett nicht. Dieses Futter haben sie auf Schlachthöfen als Abfall kennengelernt. Später fraßen sie auch verunglückte Schafe an. Bei den Schäfern hat ihnen das den Ruf eingebracht, sie seien Schafskiller. Das ist sicher maßlos übertrieben. Vielleicht haben Keas in Ausnahmefällen von der Herde getrennte Lämmer getötet.

Ganz besondere Feinschmecker müssen manche Schmalschnabelsittiche sein. So sollen Gelbflügelsittiche im Rio Aripuana Algen und Wasserschnecken fischen. Dank ihrer schmalen Schnäbel sind sie in der Lage, die Schnecken aus dem Gehäuse zu angeln. Schmale und lange

An Lehmwänden versammeln sich zahlreiche Papageien, wie hier die Hellroten Aras, um Mineralien und Salze aufzunehmen.

Schnäbel haben auch Langschnabelsittiche und Nasenkakadus. Beide Arten benutzen ihr „Spezialwerkzeug“, um aus dem Erdboden Knollen, Wurzeln und Zwiebeln herauszuholen.

Wie trinken Papageien?

In den tropischen Regenwäldern haben die Vögel keine Not, an das kostbare Naß heranzukommen. Es regnet täglich. Sie brauchen nur einen Schnabel voll vom Boden oder von Blättern aufzunehmen. So tunken die Graupapageien den ganzen Schnabel ein und schöpfen aus dem vollen. Wenn sie aber nur einen Tropfen von einem Blatt aufnehmen, heben sie den Tropfen mit der Oberschnabelspitze auf und lassen ihn in Richtung Kehle rutschen. Sie können, wie vermutlich auch andere Arten, selbst kleinste Flüssigkeitsmengen von einer Fläche oder aus einer Ritze aufnehmen. Wie mit einer Schöpfkelle gehen die Kakadus vor. Sie nehmen den Unterschnabel voll Wasser und schlucken die Portionen hinunter. Andere schöpfen das Wasser mit der Zungenspitze.

Auf der Suche nach Trink- oder Badewasser schließen sich Wellensittiche zu Hunderten bis Tausenden Tieren zusammen (oben). Ein Helmkakadu an der Tränke (links).

Natürlich nehmen die Vögel Flüssigkeit auch auf, indem sie Blätter oder Früchte ausquetschen. Je nach Appetit nehmen sie nur den Saft und lassen das Fruchtfleisch achtlos fallen. Eine solche Methode, möglichst nichts Überflüssiges aufzunehmen, haben fast alle Vögel. Schließlich wollen sie sich nicht mit zusätzlichem Ballast abmühen, sondern stets startklar zum Fliegen sein.

Wie alt werden Papageien?

Es ist sehr schwer, das Alter von Papageien in der freien Wildbahn festzustellen. In Australien haben Forscher Sittiche und Kakadus eingefangen und beringt. Wenn sie später einmal wieder gefunden werden, lassen sich anhand der Daten in dem Ring die vergangenen Jahre, aber auch die Herkunft ablesen. Doch gibt es noch nicht genügend Angaben, um genaue Altersbestimmungen zu machen. Oft wußten die Forscher nicht, wie alt ein eingefangener Vogel schon war; häufig wurden beringte Vögel gefunden, die nicht eines natürlichen Todes gestorben waren, sondern vielleicht von einem Auto überfahren wurden.

Die zuverlässigsten Daten stammen daher aus der Gefangenschaftshaltung. Allerdings sind sie nicht unbedingt ein Maßstab für das Alter, das die Tiere in der Natur erreichen. In guter Pflege und wenn sie sich sehr wohl fühlen, werden sie vermutlich in der Gefangenschaft älter als draußen. So ist ein Alter von 50 Jahren und mehr für Graupapageien und Amazonen keine Seltenheit.

Manche Kakadus und Aras können 80 Jahre erreichen; einzelne Tiere wurden über 100 Jahre alt. Mohrenköpfchen und die meisten Sittiche erreichen wohl ein Alter von 20 bis 25 Jahren. Ein Wellensittich ist mit 15 Jahren schon erstaunlich alt. Grundsätzlich läßt sich sagen, daß große Papageien etwa ein Menschenalter erreichen können, während die kleineren Arten nicht so alt werden.

Die Vogelfamilie der Papageien

Wer waren die Vorfahren der heutigen Papageien?

Der älteste bekannte Vogel, der Urvogel Archäopteryx, lebte vor etwa 140 Millionen Jahren und war ungefähr so groß wie eine Krähe. Er besaß bereits vollkommen ausgebildete Federn an den Flügeln und am Schwanz, der jedoch lang und knöchern war. Seine Beine sahen bereits so aus wie die der heutigen Vögel, jedoch hatte Archäopteryx Krallen an den Fingern der Flügel und Zähne im Schnabel.
Der erste versteinerte Papagei, den Wissenschaftler fanden, ist ungefähr 30 Millionen Jahre alt. Die Paläontologen haben ihn Archäopsittacus, also Urpapagei, genannt.

Im Berliner Museum für Naturkunde ausgestellter, 1877 im Solnhofener Plattenkalk gefundener Abdruck des Archaeopteryx lithographica.

Der älteste Papagei, der schon den heutigen Nachkommen ähnelt, ist etwa 20 Millionen Jahre alt. Seine Knochenreste wurden in den USA ausgegraben.
Allerdings vermuten die Vogelkundler, daß die ersten Papageien im Norden von Australien und in Neuguinea gelebt haben. Von dort breiteten sie sich auch auf die anderen Kontinente aus. Sie waren typische Waldbewohner und Klettervögel.
Mit anderen Vogelfamilien scheinen die heutigen Papageien nur weit entfernt verwandt zu sein. Obwohl ihre Schnäbel denen der Greifvögel am ähnlichsten sind und ihre Füße denen der Spechte ähneln, sind die meisten Forscher der Ansicht, daß die nächsten Verwandten der Papageien wohl die Tauben sind.

Welcher Papagei ist das?

Heute leben auf der Erde etwa 8 600 verschiedene Vogelarten mit 28 Ordnungen, die in 163 Familien unterteilt werden. Eine Ordnung bilden die Papageivögel, zu der nur die Familie der Papageien mit 7 Unterfamilien gehört. Dies sind: die Nestorpapageien, die Borstenköpfe, die Kakadus, die Spechtpapageien, die Loris, die Eulenpapageien und die Echten Papageien.
Insgesamt gibt es heute etwa 330 verschiedene Arten mit über 800 Unterarten. Am auffälligsten und am leichtesten zu erkennen sind die Kakadus mit ihrer Haube aus Federn. Zu den Echten Papageien gehören Arten mit langen Schwanzfedern, wie die großen Aras oder die Wellensittiche, und Stumpfschwanzpapageien, wie die Amazonen oder die Graupapageien. Ganz allgemein läßt sich sagen, daß die langschwänzigen Arten die besseren Flieger und die kurzschwänzigen die besseren Kletterer sind.

Die Vielfalt der Papageien

1 Kea
2 Borstenkopf
3 Gelbohrrabenkakadu
4 Molukkenkakadu
5 Gelbhaubenkakadu
6 Rosakakadu
7 Nymphensittich
8 Rotbrustspechtpapagei
9 Gebirgslori
10 Blauohrlori
11 Kakapo (Eulenpapagei)
12 Wellensittich
13 Rosellasittich

14 Edelpapagei (links Männchen, rechts Weibchen)
15 Großer Alexandersittich
16 Schwarzköpfchen
17 Blaukrönchen (Fledermauspapagei)
18 Großschnabelpapagei
19 Großer Vasapapagei
20 Graupapagei
21 Fächerpapagei
22 Violettstirnamazone
23 Gelbkopfamazone
24 Königsamazone
25 Sonnensittich
26 Goldsittich
27 Grünflügelara
28 Ararauna
29 Spix-Ara

Die Nestorpapageien

Diese etwa 50 Zentimeter großen Vögel bewegen sich wie Krähen. Leicht zu erkennen sind sie an ihrem recht düsteren Gefieder und ihrem langen, schmalen Schnabel. Sie sind die urtümlichsten unter den heutigen Papageien. Die Art Kaka ist nahezu ausgerottet. Der Kea lebt im neuseeländischen Hochgebirge und sogar in Höhen bis zu 2 000 Metern. Niedrige Temperaturen, Eis und Schnee scheinen ihm nichts auszumachen. Die wenig scheuen Keas leben nicht in Einehe, sondern in Vielehe. Sie nisten am Boden, unter Felsblöcken, in Spalten oder unter Baumwurzeln und polstern ihr Nest mit Moosen, Farnen und morschen Holzstückchen aus.

Der Kea Neuseelands lebt sogar im Hochgebirge.

Die Borstenköpfe

Der einzige Vertreter dieser Unterfamilie erhielt seinen Namen von den borstenartigen Federn im Nacken. Er hat einen adlerartigen Kopf und ist schwarzgrau gefärbt mit einem roten Bauch. Seine Heimat sind die Bergwälder von Neuguinea. Als nicht so guter Kletterer hüpft er auf den Bäumen von Ast zu Ast. Seine Stimme ist laut und durchdringend. Wie die Nestorpapageien gehört der Borstenkopf zu den urtümlichen Papageien.

Der Borstenkopf hat einen adlerähnlichen Kopf.

Die Kakadus

Ihr Name stammt aus dem Malayischen und bedeutet soviel wie „Kneifzange“. Womit schon einmal klar ist, daß ihr Schnabel gut funktioniert. Kakadus sind in Australien, Neuguinea und den benachbarten Inseln, Ostindonesien, auf den Molukken und den Philippinen beheimatet. Je nach Gattung und Art sind Kakadus Bewohner von Bergwäldern, Regenwäldern oder lichten Wäldern. Weil sie auf den Feldern der Bauern fressen, werden sie von den Einheimischen als Landplage betrachtet und verfolgt. Kakadus werden etwa tauben- bis rabengroß – der größte ist der Arakakadu.
Die Kakadus brüten in tiefen, geräumigen Baumhöhlen in großer Höhe. Während bei den meisten anderen Papageien nur die Weibchen brüten, wechseln sich bei den

Kakadus beide Geschlechter ab. Hauptmerkmal der Kakadus ist die Haube aus verlängerten Kopffedern, die sie bei Erregung oder bei der Balz aufstellen. Im Unterschied zu anderen Papageien ist der Unterschnabel breiter als der Oberschnabel.
Ob die etwa 30 Zentimeter großen Nymphensittiche auch zu den Kakadus gehören, ist bislang nicht geklärt.

Erhobene Haube: Gelbhaubenkakadu in Aufregung.

Die Spechtpapageien

Die Spechtpapageien sind bei einer Länge von 8 bis 10 Zentimetern die Zwerge unter den Papageien. Ihre Heimat sind die Inseln im Pazifik, wie Neuguinea, Papua und die Salomonen. Sie haben lange und dünne Zehen und kurze kräftige, starre Schwanzfedern, deren Schaftspitzen über das Ende der Federfahne stachelartig verlängert sind. Damit stützen sie sich wie die Spechte beim Klettern an der Baumrinde ab. Beide Geschlechter sind unterschiedlich gefärbt. Ihre Nester bauen sie in Baumtermitenhöhlen. Sie vertilgen auch viele Termiten, die sie vor dem Hinunterschlukken gut einspeicheln (siehe Seite 32).

Nymphensittiche werden oft gezüchtet.

Die Loris

Die Loris zählen zu den farbenprächtigsten Papageien. Manche tragen regelrechte Plakatfarben, einige sind aber auch unauffällig oder gar schwarz gefärbt. Sie erreichen eine Körpergröße zwischen 12 und 40 Zentimetern. Im Gegensatz zu anderen Papageien haben sie keine dicke, fleischige Zunge, sondern eine pinselartig gefaserte. Damit können sie ihre Hauptnahrung – Nektar, Pollen und weiche Früchte – besser aufnehmen. Man nennt sie deshalb auch Pinselzungen-Papageien.
Ihr Oberschnabel hat keine oder nur angedeutete Feilkerben. Loris sind gesellige Vögel, gute Flieger und Kletterer. Viele sind auch im Freileben wenig scheu.

Rotlori: Die Geschlechter sind gleich gefärbt.

Die Eulenpapageien

Noch im vorigen Jahrhundert kannten die Vogelkundler nur ein paar olivgrüne Federn dieser uhugroßen Papageien. Die Eingeborenen von Neuseeland benutzten sie als Schmuck. Diese Papageien sind wohl die ungewöhnlichsten überhaupt. Da sie nicht fliegen können, halten sie sich ausschließlich am Boden auf. Deshalb waren sie eine leichte Beute für die Menschen und wurden nahezu ausgerottet. Heute leben nur noch einige wenige Exemplare des Kakapo in besonderen Schutzgebieten von Neuseeland.

Der Kakapo oder Eulenpapagei ist sehr selten.

Der Kakapo verbringt den Tag in Höhlen unter Wurzeln von Bäumen oder in Felslöchern, wo er auch brütet. Er wird meistens erst im Dämmerlicht richtig munter. Dann legt er erstaunlich lange Fußmärsche zurück, wobei er schnell über den Boden läuft und auch auf Büsche oder Bäume klettert. Seine Flügel benutzt er, um sein Gleichgewicht zu halten. Im Dickicht legt er sich regelrechte Pfade an, die zu seinen Futterpflanzen führen. Er frißt vor allem Moose, Wurzeln, Blätter, Knospen und Beeren.

Als „Fußgänger" hat er hohe Beine und große, kräftige Füße mit langen Zehen. Vor den großen Augen bilden Federn eine Art Gesichtsschleier.

Wellensittiche bei der Balz.

Die Echten Papageien

Zu den Echten Papageien gehören die meisten Arten mit folgenden Gattungsgruppen: Plattschweifsittiche, Wachsschnabelpapageien, Fledermauspapageien, Stumpfschwanzpapageien und Keilschwanzsittiche.

Die wichtigsten Arten sind: Graupapageien, Amazonen, Aras, Mohrenköpfchen, Unzertrennliche und alle Sittiche.

In die Unterfamilie der Echten Papageien gehört auch der bekannteste Papagei, der Wellensittich; er ist ein Plattschweifsittich.

Bei allen umfaßt der Oberschnabel den Unterschnabel, und sie tragen Feilkerben im Oberschnabel. Die Wachshaut läuft bandförmig über die Oberschnabelwurzel.

Mohrenköpfchen leben in Afrika.

Auf fast allen Kontinenten zu Hause

Wo leben Papageien?

In den meisten Büchern kann man lesen, daß Papageien alle Kontinente erobert haben, mit Ausnahme von Europa. In Europa sind aber Versteinerungen von Urpapageien gefunden worden, die vor rund 30 Millionen Jahren gelebt haben. Die modernen Papageien hat es in Europa nicht gegeben. Diese Aussage ist nicht mehr ganz zutreffend. Abgesehen von den vielen Käfig- und Volliereninsassen gibt es zum Beispiel in Deutschland seit einigen Jahren frei lebende Alexander- oder Halsbandsittiche.

Diese etwa elsterngroßen Vögel stammen aus Afrika oder Indien und haben sich in unseren Wäldern buchstäblich eingenistet. 1974 wurden im Schloßpark von Wiesbaden-Biebrich 3 dieser Vögel, die vermutlich aus einem Zoo entkommen sind, gesichtet. 1980 zählten Ornithologen in Deutschland bereits 50 Exemplare, darunter 5 Brutpaare.

Eine Zählung von 1985 ergab einen Bestand von 20 Brutpaaren. Auch aus dem Raum Hamburg sind einige bekannt.

Die grasgrünen Gäste bauen ihre Nester gern in ehemaligen Spechthöhlen. Zu ihren Feinden zählen allenfalls die Eichhörnchen. Sie ernähren sich im Sommer von Beeren, Knospen und Früchten. Solange sie genug von Menschen ausgestreutes Winterfutter finden, macht ihnen Kälte nichts aus.

Auf der kanarischen Insel Teneriffa leben ebenfalls einige ausgewilderte Papageien. Sie stammen aus dem Loro Parque. Die Mönchssittiche bauen ihre Nester in den Palmen des Parks und fliegen zum Fressen an die Freisitze der Aras. Auch weitere Ausflüge über die Insel sind auf der Tagesordnung.

Auch ein Wellensittichpärchen hat sich im Park völlig frei niedergelassen.

Doch nun zu den klassischen Verbreitungsgebieten. Die Wiege der Papageien, ihre Urheimat, sind Neuguinea und Nordaustralien gewesen. Von diesen Zentren sind sie in andere Regionen abgewandert.

Die Heimat des kleinsten Papageien, des Spechtpapageien, sind Inseln im Pazifik; der größte, der Hyazinthara, lebt im südamerikanischen Regenwald.

Die Verbreitungsgebiete der Papageien

Süd-/mittelamerikanisches Verbreitungsgebiet

1 Grünwangenamazone
2 Jamaika-Amazone
3 Rotbugara
4 Gelbbrustara
5 Hellroter Ara
6 Rotmaskensittich
7 Rostkappenpapagei
8 Venezuela-Amazone
9 Schwarzohrpapagei

Afrikanisches Verbreitungsgebiet

10 Mohrenköpfchen
11 Kongopapagei
12 Goldbugpapagei
13 Graupapagei

Pazifisches Verbreitungsgebiet
14 Schmucklori
15 Borstenkopf
16 Arakakadu
17 Schönlori
18 Edelpapagei
19 Papualori
20 Goldstrichellori
21 Rotlori
22 Kapuzenlori
23 Saphirlori
14
15
16
17
18
19
20
21
22
23
Indonesien
Neuguinea
Cook-Inseln
24
25
26
27
28
29
30
Australien
Neuseeland
24 Gelbhaubenkakadu
25 Inkakakadu
26 Rosakakadu
27 Nasenkakadu
28 Helmkakadu
29 Kea
30 Kakapo

Die Farbenpracht des Gebirgslori ist zwischen bunten Blüten und Früchten eine hervorragende Tarnung.

Im allgemeinen spricht man von drei Verbreitungsgebieten: dem pazifischen, dem afro-asiatischen und dem südamerikanischen.

Die meisten Arten gibt es in Brasilien, dann folgen Australien, Neuguinea und andere südamerikanische Länder. In Afrika kommen nur relativ wenige Arten vor.

Im tropischen Regenwald nördlich und südlich des Äquators herrschen das ganze Jahr über gleichbleibende Temperaturen. Es ist immer warm und sehr feucht. Fast täglich fällt Regen. Diese klimatischen Verhältnisse sind eine Voraussetzung für die vielen Pflanzen und Tiere, die in dieser immergrünen Wildnis leben.

Hier in den Wäldern von Brasilien, im südlichen Amazonasgebiet, kommen 17 Papageienarten vor. Das üppige Nahrungsangebot bietet vielen Tieren auf engstem Raum hervorragende Lebensbedingungen. Um dennoch einander möglichst wenig Konkurrenz zu machen, haben sich die einzelnen Arten bestimmte ökologische Nischen erobert: In den höchsten Baumkronen leben die großen Aras, etwas tiefer einige Amazonen und noch tiefer kleinere Sittiche.

Im afrikanischen Regenwald sind Graupapageien und die Unzertrennlichen zu Hause, auf Madagaskar der Große und der Kleine Vasapapagei. In den Regenwäldern des pazifischen Verbreitungsgebietes kommen der Arakakadu (Neuguinea) und Edelpapageien (Nordaustralien, Neuguinea, Indonesien) vor.

Zwischen den tropischen Regenwäldern und den Wüsten erstrecken sich die Savannen. In den Savannen regnet es nicht täglich. Es gibt eine Trockenzeit und eine Regenzeit. Die Temperaturen sind nicht so gleichmäßig wie im Regenwald. Sie schwanken zwischen 40 und 10 Grad Celsius. Typische Bewohner dieser Klimazone sind in Australien viele Loris. Während die Schuppen- oder Allfarbloris die Feuchtsavannen bevorzugen, leben in den trockeneren Steppensavannen Nacktaugen- und Inkakakadus sowie Nymphen- und Wellensittiche. In Afrika sind die meisten Unzertrennlichen typische Savannenvögel. In der südamerikanischen Savanne, wie in Argentinien, kommen Blaukopfsit-

Edelpapageien – Mann und Frau sehen so verschieden aus, daß man sie früher für zwei unterschiedliche Arten gehalten hat.

tich und Rotmaskensittich vor. Sie schließen sich oft zu großen Schwärmen zur Futtersuche zusammen.
Während die genannten Arten überwiegend im Flachland leben, haben sich einige Arten auf höhere Regionen spezialisiert. Ein typischer Gebirgsbewohner ist der Papualori. Die Bergwälder von Neuguinea besiedelt er noch in Höhen bis zu 3500 Metern. In den Gebirgswäldern von Australien lebt – zumindest im Sommer – der Helmkakadu, und in Neuseeland ist es der Kea. Den Höhenrekord hält der Andensittich Südamerikas. Er wurde in hochalpinen Regionen von über 6000 Metern gesichtet.

Warum sind manche Papageien so bunt und andere unscheinbar?

Viele Tiere leben nach dem Motto: Nur nicht auffallen. Wer nicht gesehen wird, kann auch nicht gefressen werden. Besonders Vögel müssen vor Feinden auf der Hut sein, vor allem, wenn sie brüten. Sie tragen deshalb eine typische Tarnfarbe, mit der sie sich schützen können. Sehr unauffällig sind die Kakapos in ihrem Dunkeloliv oder die Keas und Kakas mit ihrem dunklen Gefieder. Fast schwarz sind der Kleine und der Große Vasapapagei, die auf der vor der südostafrikanischen Küste gelegenen Insel Madagaskar leben.
In den Regenwäldern ist die günstigste Tarnfarbe selbstverständlich Grün. Grün ist auch die Grundfarbe vieler Arten, wie der Amazonen oder vieler Sittiche. Andere tragen auch ein Grün mit Rot kombiniert. Während Rot bei manchen Insekten oder Froschlurchen Ungenießbarkeit oder gar Giftigkeit signalisieren soll, hat diese Farbe im dichten Wald den gleichen Effekt wie ein tarnendes Grün oder Grau. Denn das Rot ist aus größerer Entfernung nicht vom Grün zu unterscheiden. Ein solches Farbkleid tragen Rosenköpfchen, Fischers Unzertrennliche, Königssittiche oder Soldatenaras.

Die roten Schwanzfedern der Graupapageien leuchten andererseits beim Fliegen wie eine Ampel. Sie haben vermutlich eine Signalwirkung, zumal sie in Kombination mit dem Hellgrau an der Schwanzwurzel besonders leuchten. Vielleicht ist das Rot eine Art Richtfeuer, wenn viele Graupapageien auf einmal abheben und losfliegen.
Viele Loris scheinen mit ihren leuchtenden Farben eher sehr auffällig zu sein. Doch das täuscht. Sie halten sich meist zwischen blühenden und Früchte tragenden Bäumen auf. Inmitten der Farbenpracht ihrer Nahrung sind sie gut getarnt.

Der Große und der Kleine Vasapapagei auf Madagaskar sind mit ihrem fast schwarzen Gefieder Ausnahmen unter den Krummschnäbeln.

Wirklich auffällig sind dagegen zum Beispiel Gelbbrustaras und Hellrote Aras. Sie tragen eine Signalfarbe, die der Konkurrenz mitteilen soll: Dieses Revier ist besetzt, hier bin ich.
Bei einigen Arten sind nur die Männchen knallbunt. Sie tragen die Signalfarben für die Brautwerbung oder den Rivalenkampf. Die Weibchen, die die Aufgabe der Jungenaufzucht übernehmen, sind dagegen

häufig unauffällig gefärbt. Solche Unterschiede zeigen viele australische Sittiche. Völlig anders gefärbte Gefieder tragen Edelpapageien (siehe Seite 26). Während das Weibchen blaurot leuchtet, ist das Männchen grün. Die beiden sehen sich so wenig ähnlich, daß die Vogelkundler sie lange für zwei Arten hielten. Verstärkt wurde diese Annahme noch dadurch, daß sie im Gegensatz zu vielen anderen Papageien außerhalb der Brutzeit nicht miteinander leben. Warum die beiden so unterschiedlich gefärbt sind, ist bis heute noch nicht bekannt.

Sind Papageien Kulturfolger?

Während die meisten Tiere nur Nachteile durch den Menschen und seinen Umgang mit der Natur haben, lernen es einige doch, mit dem Menschen und seiner Kultur auszukommen; es sind Kulturfolger. Sie machen gewissermaßen aus der Not eine Tugend. So wird ein Tourist in Ugandas Wildnis wohl kaum Graupapageien zu Gesicht bekommen. Die scheuen Gesellen lassen allenfalls ihr lautes Geschrei hören, wenn sie zwischen Schlaf- und Futterplatz hin- und herfliegen. Mit etwas Glück kann man aber ein Paar in einem hohen Baum vor der Deutschen Botschaft in Kampala, der Hauptstadt von Uganda, sehen.

Die unternehmungslustigen Loris haben sich daran gewöhnt, den Tourismus auf ihre Weise zu nutzen.

Nacktaugenkakadus in Australien haben gelernt, statt fehlender Bäume Freileitungen als Hochsitze anzunehmen.

In Indien gehören Halsbandsittiche längst in das Stadtbild vieler Ortschaften. Sie brüten in den Stadtbäumen über parkenden Autos oder im Gemäuer öffentlicher Gebäude und trinken aus Brunnen oder Pfützen. Wie bei uns Schwalben haben sich in Australien Nymphensittiche oder Rosakakadus längst an Telefonleitungen als Sitzstangen gewöhnt. In São Paulo, der größten Stadt Brasiliens, hat sich der kleine Tirikasittich in den Parkanlagen angesiedelt. Pünktlich zur Fütterung fallen in ein australisches Vogelschutzgebiet Loris ein, und in einer Lodge auf Papua-Neuguinea werden die Gäste sogar in ihren Zimmern von neugierigen Frauenloris besucht.
Weniger begeistert als Touristen sind natürlich Farmer, wenn Kakadus in Australien oder Sittiche in Südamerika ein Feld als eine Art „Supermarkt" ansehen.

Das Familienleben der Papageien

Sobald sich ein Weibchen und ein Männchen gefunden haben, gehen sie eine Ehe – meist auf Lebenszeit – ein. Sie bleiben zusammen und machen künftig auch fast alles gemeinsam. Sie schlafen dicht aneinandergekuschelt, fliegen gemeinsam auf Nahrungssuche und putzen sich. Sie sind das, was den kleinen „Unzertrennlichen" ihren Namen einbrachte. Auf englisch heißen sie lovebirds – zu deutsch Liebesvögel. Eigentlich müßten fast alle Papageien so heißen. Sie leben in vorbildlichen Ehen, auch wenn es hin und wieder zu einem schnabelfesten Ehekrach kommt.

Wie werden Männchen und Weibchen ein Paar?

Nur wenn ein Partner stirbt, sucht sich der Hinterbliebene einen neuen. Mitunter bleiben aber auch ältere Tiere dann für den Rest ihres Lebens allein.

In welchem Alter die Vögel auf Brautschau gehen, hängt ganz von der Art ab. Die kleinen Wellensittiche interessieren sich schon mit ein paar Monaten für das andere Geschlecht, während die großen Aras einige Jahre warten. Da die Ehe ein Leben lang halten soll, nehmen die Vögel nicht irgendeinen Partner, sondern nur den wirklich Auserwählten. Er sollte möglichst nicht aus der nahen Verwandtschaft stammen und in der Körpergröße in etwa passen. So kann es schon eine Weile dauern, ehe ein Bund fürs Leben geschlossen wird. Und erst nach einer angemessenen Verlobungszeit beginnen die Paare mit der Balz. Wie aufgescheucht laufen und tänzeln Huhn und Hahn hin und her und umeinander herum. Sie lassen bunte Federn leuchten und stellen ihren Kopfschmuck auf. Dabei geben sie zwitschernde, fiepende Töne von sich und machen zuckende, rüttelnde Fütterbewegungen. Das Ritual „Füttern der Jungen" wird bei der Balz zum Stimulieren eingesetzt. Das Werben um den Partner hat vor allem den Sinn, die Partner gleichzeitig in Paarungsstimmung zu bringen. Anders als die Säugetiere haben Vogelmännchen kein äußeres Begattungsorgan. Nach einiger Zeit des Balztanzes drücken die Partner endlich Hinterleib an Hinterleib, und das Männchen begattet das Weibchen.

Orangeköpfchen: Das Orange am Kopf ist beim Weibchen blasser als beim Männchen.

Wichtigste Voraussetzung für die Gründung einer Familie ist das Nest. Da Wohnraum oft knapp ist, werden die verschiedensten Nistgelegenheiten genutzt. So bauen einige Arten alte Baumstümpfe zu einer gemütlichen Höhle aus. Zu solchen Baumhöhlenbrütern gehören die meisten Aras und Amazonen, Kakadus,

Wie zieht ein Paar seine Jungen auf?

Edelsittiche und Loris sowie die Graupapageien. Während die einen ihre Höhle selbst zimmern, suchen die anderen bevorzugt nach „Fertighäusern", wie sie zum Beispiel von Spechten hinterlassen werden. Die Papageien erweitern dann noch den Eingang und richten sich im Inneren häuslich ein. So werden die Wände noch nachbearbeitet und die abgehobelten Späne zum Auspolstern benutzt. Eine solche Höhle dient den Partnern oft auch als gemeinsames Schlafzimmer.

Sobald die bei allen Papageien weißen Eier gelegt sind, macht sich fast immer nur das Weibchen an das Brutgeschäft. Die Eier werden im Abstand von ein bis zwei Tagen gelegt. Die Anzahl ist von Art zu Art, aber auch von Individuum zu Individuum verschieden. In aller Regel legen große Papageien nur wenige Eier. Kleine Arten haben ein größeres Gelege. Ein Wellensittichweibchen kann bis zu acht Eier legen; ein Braunkopfkakadu legt nur ein einzelnes. Das Weibchen verläßt die Kinderstube kaum. Nur morgens und abends läßt es sich kurz am Eingang blicken, um ein Kothäufchen loszuwerden.

Aras, wie diese Zwergaras (links), sind Baumhöhlenbrüter. Auch die Küken der Tucuman-Amazone (rechts) werden mit Kropfmilch gefüttert.

Das Männchen schafft Nahrung heran und füttert das Weibchen auf dem Gelege. Dabei würgt es zuvor aufgenommene Nahrung aus seinem Kropf wieder hervor. Solche Fütterungen sind gleichzeitig ein Beweis für Zuneigung und Liebe. Nicht nur während der Brutzeit füttern sich die Partner gegenseitig. Je nach der Größe der Papageien schlüpfen nach zweieinhalb bis vier Wochen die hilflosen Küken. Sie sind bei manchen Arten völlig nackt, bei anderen tragen sie einen leichten Flaum. Die Augen haben sie noch geschlossen und bestehen fast nur aus Schnabel.

Und weil der Kopf mit dem Schnabel so schwer ist, legt Mutter Papagei ihre Kinder zum Füttern auf den Rücken. Behutsam benutzt sie dazu ihren Schnabel. Sobald das Küken sperrt, also mit weit aufgerissenem Schnabel nach Futter verlangt, würgt die Mutter ein Gemisch aus Futter und Flüssigkeit, die Kropfmilch, hervor und stopft sie in den weit aufgesperrten Schnabel. Die Nestlinge haben einen weichen, wulstigen Schnabelrand. Sobald ein Nestling satt ist, fällt er erschöpft zurück und schläft. Zu Beginn der Nestlingszeit werden die Jungen etwa alle zwei Stunden gefüttert. Das Männchen muß die Nahrung für die gesamte Familie heranschaffen.

Wellensittichweibchen legen bis zu acht Eier. Die geschlüpften Küken verlassen nach etwa dreißig Tagen den Nistkasten.

Erst wenn die Jungen größer sind, fliegt die Mutter mit aus. Je nach Art, ob klein oder groß, dauert es etwas über einen Monat oder bis zu vier Monate, ehe die Jungen groß genug sind, um die Bruthöhle zu verlassen. In der Zwischenzeit sind auch ihre Federn gewachsen.
Beim ersten Ausflug sind die Jungen meist noch etwas ängstlich. Doch Mutter und Vater locken und rufen so lange, bis sich die Kinder auf die Schwingen wagen. Dabei können sie ganz genau unterscheiden, ob die eigenen Eltern rufen oder fremde Artgenossen.

Wo nisten Papageien?

Erdsittiche und der Eulenpapagei brüten, wie schon erwähnt, am Boden. Die Jungen der Erdsittiche sind deshalb besonders gut getarnt und viel eher in der Lage, ihren Eltern zu folgen als die anderer Papageien.
Es gibt aber auch geschickte Architekten unter den Papageien, so die Mönchssittiche, die in den Savannen von Südamerika leben. Bäume mit geeigneten Bruthöhlen waren hier immer selten, so daß sich die kleinen Grünen etwas einfallen lassen mußten. Sie tragen Zweige und Halme zusammen, verhaken sie kunstvoll ineinander und verbinden sie mit dem Geäst ihres Brutbaumes. Und weil sich's in Gesellschaft besser leben läßt, bauen gleich mehrere Bauherren an einem Mehrfamilienhaus. Oben, unten, rechts und links wird noch eine Wohnung angebaut, bis ein großes Kolonienest fertig ist oder bis der ganze Wohnblock wegen Übergewicht herunterstürzt. Dann beginnen die Bauarbeiten von vorn. Eine Wohneinheit ist nicht etwa ein einfaches Gebilde, sondern besteht aus einem überdachten Eingang, einem Vorraum und einem Kinderzimmer.
Auch einige Unzertrennliche Afrikas, wie die Rosenköpfchen, bauen Nester aus Halmen und Zweigen, die sie auch schon mal unter ein Hausdach oder in eine Felsritze einfügen. Für den Transport ihrer Materialien haben sie etwas Besonderes entwickelt. Sie klemmen sich die Baustoffe

Aus trockenen Zweigen bauen die Mönchssittiche große Gesellschaftsnester.

In Kalkstein- oder Sandsteinkliffs graben die Felsensittiche lange Gänge und Brutkammern.

in das Bürzelgefieder, so daß sie nicht jeden Halm einzeln zu transportieren brauchen. Wenn es sich vermeiden läßt, verzichten die munteren Gesellen allerdings auch gern auf den Eigenbau. Sie haben sich inzwischen angewöhnt, Fertighäuser zu beziehen, wenn solche auffindbar sind. So besetzen sie gern die kunstvoll gewebten Nester der Webervögel. Wenn die Webervögel mit ihren Untermietern nicht einverstanden sind, jagen sie die Eindringlinge davon. Allerdings sind diese kleinen Papageien durchaus verträglich und leben mit artfremden Nachbarn problemlos Nest an Nest.

Nicht minder raffiniert sind die Orangeköpfchen und die kleinen Spechtpapageien. Sie nisten sich als Untermieter bei den Baumtermiten ein. Das muß doch mit Problemen verbunden sein, mag man denken. Schließlich sind Termiten bissig und sicher nicht an den Hausbesetzern interessiert. Doch die kleinen Vögel wissen sich zu helfen: Sie graben in den Termitenbau eine Höhle und verschwinden dann für kurze Zeit. In dieser Zeit reparieren die Termiten emsig den Bauschaden, ziehen sozusagen neue Mauern um die ausgegrabene Höhle. Die Papageien überlassen es also den Termiten, eine Trennmauer zu errichten, die dann später für sie von Vorteil ist.

Es gibt noch mehr Papageien, die in Termitenbauten leben. In Südamerika sind es Schmalschnabelsittiche und in Nordaustralien Goldschultersittiche.

Andere Papageien haben die Wohnungsnot auch mit der Besetzung von Felswänden gelöst. Dazu gehören Arten, die in nahezu baumlosen Gegenden leben. Die in Argentinien und Chile vorkommenden Felsensittiche – der Name sagt es bereits – bauen sich ganze Wohnblocks in Kliffs und Sandsteinwände. Im Inneren der Siedlung münden die Behausungen nicht selten in ein engmaschiges Netz von Gängen. Diese Papageien lieben auch beim Brüten die Gesellschaft von Artgenossen. Um sicher vor Feinden zu sein, sind die Wohnhöhlen möglichst hoch an einem Kliff angelegt.

Blick in einen geöffneten Baumtermitenbau, in den sich die kleinen Spechtpapageien als „Untermieter“ ihre Bruthöhle gegraben haben.

Sprechkünstler Papagei

Was sprechen Papageien?

Vieles! Als Sprechkünstler unter den Papageien gelten im allgemeinen die Graupapageien, obwohl auch Amazonen, Aras, Kakadus, Wellensittiche, Nymphensittiche, Loris und viele andere in Gefangenschaft gehaltene Papageien sprechen lernen.
Der deutsche Experte Wolfgang de Grahl beschreibt ein Graupapageienweibchen, das rund zweihundert Wörter sprach. Sowohl Männchen als auch Weibchen können, zumindest bei den großen Arten, recht gut sprechen. Die Begabung hat bei ihnen mit dem Geschlecht nichts zu tun. Bei Wellen- und Nymphensittichen sprechen oft die Männchen besser als die Weibchen. Allerdings gibt es auch bei den begabten Nachahmungskünstlern erhebliche individuelle Unterschiede. Einige lernen besonders Geräusche und Pfeifmelodien, andere singen Lieder oder bleiben weitgehend bei ihren Urwaldlauten.
Viele Papageien sprechen so deutlich, daß man nicht weiß, ob ein Mensch oder der Vogel gesprochen hat. Sie machen auch genau den Tonfall der Person nach, von der sie ein Wort oder auch einen ganzen Satz gelernt haben. Dies gilt auch für Geräusche. Man kann mitunter nicht unterscheiden, ob die Toilettenspülung rauscht oder ob ein Graupapagei die Ursache ist.
Wenn die Vögel Konkurrenz durch Staubsauger oder Radio bekommen, meinen oft sogar die ruhigsten Vertreter, lautstark mithalten zu müssen. Geräusche feuern sie eigentlich immer an.
Warum ahmen Vögel überhaupt Geräusche nach? Sie wollen Kommunikation, um mit dem Partner in Kontakt zu bleiben. So können sich Männchen und Weibchen auch außerhalb der Sichtweite im Dickicht hören. Genauso können sich natürlich auch viele Vögel miteinander verständigen, wenn sie zum Beispiel im großen Schwarm leben. Ganz wichtig sind Töne, die die anderen warnen, wenn Gefahr droht. Dann fliegen alle Vögel eines Schwarmes plötzlich los.
Ein paar Töne erben die Vögel schon von ihren Eltern. Weitere Strophen müssen sie lernen, indem sie sie von anderen Vögeln hören und nachahmen. Die Spottvögel lernen nicht nur von Artgenossen, sondern auch von anderen Arten.

Auch Wellensittiche können sprechen lernen, hier ein wildlebendes Paar.

Ein zahmer Wellensittich streut in sein arteigenes Gezwitscher Menschenwörter ein, die der Zuhörer manchmal erst heraushört, wenn er genau aufpaßt. Die Großpapageien sagen auch einzelne Bemerkungen, wie ein freundliches „Hallo“, oder werfen ein „Ja“ in die Unterhaltung von Menschen, das sehr wichtig oder auch komisch wirken kann.
In der freien Natur ist ihr artfremder, also aus der Umgebung aufgeschnappter Wortschatz vermutlich nur sehr begrenzt. Das können Strophen anderer Vögel sein, aber auch Geräusche von anderen Tieren, Säugetieren beispielsweise.

Wenn ein Papagei mit dem Radio um die Wette musiziert, leiert er gern alles herunter, was ihm in den Sinn kommt. Dabei kann es auch sein, daß er aus verschiedenen Silben neue Wörter und Sätze zusammenstellt, die gar keinen Sinn ergeben. Er pfeift Melodien, die an die Strophen erinnern, die er gerade hört. Vielleicht komponiert er auch eine eigene, neue Melodie. Solche Konzerte machen den Eindruck, als ob sie nur aus Freude stattfinden.

Wissen Papageien, was sie sagen?

Andererseits gibt sich ein Papagei oft richtig Mühe mit seinen Liedern und Sprüchen, als wolle er Herrchen oder Frauchen einen Gefallen tun. Denn Menschen sind dem Papagei in der Gefangenschaft zu einem Ersatz für den Partner oder für einen Schwarm von Artgenossen geworden.
Deshalb bemüht er sich, die Sprache seiner neuen „Artgenossen" und die Geräusche seiner Umgebung nachzuahmen. Das geht so weit, daß er auch das Pfeifen des Teekessels oder das Rattern des Rasenmähers in seine „Sätze" einbaut. Wenn Papageien ein bestimmtes Geräusch stets in einem bestimmten Zusammenhang hören, gewöhnen sie sich auch an, dieses im passenden Moment nachzumachen. So lassen meine Graupapageien – beide sind Weibchen – noch heute jede Tür quietschen. Die Haustür hatte einmal gequietscht. Das Quietschen aber ist für die Papageien geblieben. Doch nicht nur das. Schon wenn wir uns noch den Mantel anziehen, lassen sie das Türenquietschen lautstark hören. Sie haben also nicht nur gelernt, welches Geräusch zu welcher Handlung gehört, sondern sie wissen auch schon im voraus, was in der Abfolge passieren wird.
Hier ein Beispiel mit meinem Graupapagei Vasco: Wenn es etwa halb zehn am Abend ist, dann kommt klar und deutlich: „Gute Nacht, Papa." Und wehe, wenn mein Mann nicht sofort reagiert, dann wiederholt sie diese drei Wörter (wie aufgezogen) so lange, bis er Vasco ins Dachgeschoßzimmer in den Kleiderschrank bringt. Dort ist ihre Schlafhöhle, und dort will sie um diese Zeit hin. Eine Ausnahme macht sie nur, wenn wir Besuch haben. Dann will sie nicht früh schlafen. Sie könnte ja etwas Interessantes verpassen.
Gelernt hat Vasco das Gute-Nacht-Papa schon von meinem Vater. Wenn abends der Tisch abgeräumt wurde, hat mein Vater jeden Abend einmal diese Worte gesagt. Vasco hat alsbald gelernt, daß damit Schlafenszeit verbunden ist. Sie begann, die Wörter zu sagen, wenn der Tisch abgeräumt wurde. Später hat sie dann auch gelernt, die Wörter für ihre Wünsche auszunutzen. Sie sagt heute „Gute Nacht, Papa", wenn sie ins Bett will, ganz gleich, was wir gerade tun. Sie hat also gelernt, die Wörter im richtigen Moment zu benutzen. Sie weiß, was sie sagt, jedenfalls in manchen Fällen.

Zu den Sprechkünstlern gehört der afrikanische Graupapagei. Aber die Begabung ist von Vogel zu Vogel unterschiedlich.

Pendelverkehr: Rosakakadus pendeln täglich zwischen Schlaf- und Futterplatz.

Sind Papageien intelligent?

Intelligenz ist ein Begriff, den Menschen für Menschen entwickelt haben. Schon deshalb ist es natürlich schwierig, das Wort in bezug auf Tiere anzuwenden. Bestimmt haben auch Tiere eine gewisse Intelligenz. In vielen Bereichen jedenfalls machen sie erstaunliche Dinge – und mit unserer Umwelt gehen alle Tiere besser um als die Menschen.

Wissenschaftler verstehen unter Intelligenz zum Beispiel, daß ein Mensch ein gutes Gedächtnis hat. Er kann schwierige Dinge schnell verstehen und schnell antworten oder das Richtige tun. Auch ist ein intelligenter Mensch kreativ, das heißt, er hat tolle und manchmal sogar verrückte Ideen, und er kann schnell lernen.

Doch wenn man die Gelegenheit hat, Papageien zu beobachten, muß man einfach zu der Überzeugung kommen, daß sie sehr intelligent sind. Sie sind auf alle Fälle intelligente Vögel. Mit Menschen wollen wir die Papageien auch gar nicht vergleichen.

Da ist wieder Vasco, die genau weiß, wann sie „Gute Nacht, Papa" sagt. Aber sie kann noch mehr. Wenn ich auf ihr „Na komm mal her" einfach nicht reagiere und nicht zu ihr gehe, dann sagt sie in ganz seltenen Fällen auch schon mal „Gute Nacht". . . Sie hat gelernt, daß ich auf dieses Signal bisher immer gehört habe. Sie nutzt es also als Trick aus. Sagen wir es so, sie kann sogar „lügen". Denn schlafen will sie in diesem Moment noch gar nicht. Das gleiche gilt für Alarmgeräusche. Einen lauten, tiefen, durch Mark und Bein gehenden Schreckschrei der Graupapageien lassen Vasco und Mecki auch dann ertönen, wenn keiner auf ihr Rufen hört. Ich eile dann meist zu den Vögeln, weil ich glaube, daß vielleicht Nachbars Kater gekommen ist und sie Angst haben. Doch oft weit gefehlt; sie haben nur den Trick benutzt, damit ich endlich reagiere.

Und wie! Manche Grauen machen immer wieder deutlich, daß Papageien stets genau beobachten und sehr genau überwachen, was Menschen machen. Sie haben nicht nur die passenden Geräusche stets auf dem Schnabel, sondern machen wirklich die komischsten Dinge nach – beziehungsweise schon vorher. Manch ein Papagei tanzt nach einer Melodie, wenn sie ihm vorgespielt und vorgetanzt wird. Wenn sich jemand hinsetzt, duckt er sich in ganz ähnlicher Weise, als wolle er auch Platz nehmen. Wenn jemand beim An- oder Ausziehen eines Mantels die Arme hebt, heben manche Grauen selbstverständlich ihre Flügel hoch. Das geht so weit, daß sie sogar die Flügel heben, wenn jemand vor ihnen eine Hose anzieht.

Können Papageien auch Bewegungen nachmachen?

Da Papageien meist gesellige Tiere sind, ist der Kontakt zum Artgenossen sehr wichtig. Er erfolgt vor allem über Lautäußerungen, also über die Sprache. Ihre Naturlaute sind mitunter sehr durchdringend und schrill. Das hat seinen guten Grund: Die Partner können sich über weitere Entfernungen und im Dickicht verständigen, auch wenn sie sich nicht sehen. Genauso hilft ihnen eine laute Stimme, mit ihren Jungen in Kontakt zu bleiben. Selbstverständlich geben die Vögel auch bestimmte Droh- oder Schrecklaute von sich als Warnung der Artgenossen vor Gefahr. Erstaunlich ist dabei, wie „international" die Sprache der Vögel manchmal ist. Alle unsere heimischen Singvögel verstehen den Warnruf des Eichelhähers und reagieren mit Flucht. Bei meinen Graupapageien kann ich immer wieder beobachten, daß sie den Warnruf der Amsel verstehen. Sie reagieren sofort und machen sich ganz dünn.

Wie unterhalten sich Papageien untereinander?

Bei den Graupapageien ist ein scharfes „Tsch" offenbar als Schimpfen zu verstehen. Das haben mich meine Grauen gelehrt, die dieses Signal untereinander benutzen, zum Beispiel, wenn Nachbars Kater vorbeischleicht.
Ein kurzer schriller Pfeifton scheint auf graupapageiisch der Orientierung zu dienen, um herauszufinden, wo ein Artgenosse sitzt. Den Eindruck habe ich jedenfalls, wenn meine Graupapageien allmorgendlich einen solchen Pfiff hören lassen. Sie nehmen dabei von ihren Schlafhöhlen aus Kontakt auf.

Fast alle Tiere, wie auch die Menschen, drücken Stimmungen und Gefühle nicht nur mit Lauten, sondern auch mit dem Körper aus. So runzeln Menschen die Stirn, wenn sie nachdenklich sind, oder Hunde wedeln mit dem Schwanz, wenn sie sich freuen. Auch die Papageien drücken ihren Willen oder Unwillen durch verschiedene Formen der Körpersprache aus.

Was ist die Körpersprache der Papageien?

Zur Drohgebärde gehören neben dem Aufrichten von Federn auch das Öffnen des Schnabels und das „Trommeln" mit dem vorgestreckten Fuß.

Wenn sich der Fächerpapagei aufregt, stellt er einen beeindruckenden Kranz von blau-roten Nackenfedern auf.

Ganz dünn wird der Vogel vor Schreck. Alle Federn sind eng an den Körper angelegt. Der Hals ist gereckt. Womöglich wird diese Haltung noch durch Zittern mit den etwas abgespreizten Flügeln unterstützt, den Kopf hält der Vogel dabei nach unten gebeugt. Damit soll Hilflosigkeit, die noch aus dem Kindheitsalter stammt, ausgedrückt werden. Der Papagei erwartet Hilfe und Unterstützung. Natürlich lernt der eingewöhnte, zahme Hausgenosse, daß er dieses Körpersignal, unterstützt durch jämmerliches Gezeter, auch schamlos mißbrauchen kann. So stellen sich Graupapageien gern hoffnungslos hilflos, wenn sie gekrault werden möchten.

Wenn ein Papagei rundum zufrieden ist, sitzt er aufgeplustert und wie in sich versunken mit kurzem Hals da. Ein Bein ist dabei oft eingezogen. Der Schnabel knackt und schmirgelt manchmal leise vor sich hin. Dann fühlt er sich so richtig wohl. Kann sein, daß ihm bald die Augen zufallen und er einnickt. Auch Räkeln gehört dazu, zum Beispiel nach einem Kurzschlaf. Der Vogel streckt erst einen Flügel und das Bein derselben Seite von sich und wiederholt das Ganze auf der anderen Seite. Vielleicht hebt er noch ein- bis zweimal beide Flügel nach oben und schüttelt sich. Dann ist er munter.

Stellt er nicht alle Federn locker auf, sondern nur die Nackenfedern und dazu vielleicht die oberste Partie der Flügeldecke, dann wird Angriffslust ausgedrückt. Besonders eindrucksvoll sieht dieses Imponiergehabe beim südamerikanischen Fächerpapagei aus. Seine rot-blauen Nakkenfedern sind besonders lang, so daß er sie weit aufstellen kann. Der Sinn dieses Aufbauschens liegt darin, dem Gegner durch Größe zu imponieren. Er soll Angst bekommen und zurückweichen.

Angriffslust kann unter Rivalen durchaus zu ernsten Kämpfen führen. Sie kann aber auch nur Schein sein und zu harmloser Rangelei im Spiel auffordern. Gehen zwei wütende Kampfhähne aufeinander zu, dann öffnen sie den Schnabel und heben dazu noch drohend einen Fuß hoch. In der Fachsprache heißt das „Trommeln". Dann ist Vorsicht geboten.

Im mitunter folgenden Zweikampf gehen die Gegner nicht nur mit den starken Schnäbeln aufeinander los, sondern auch mit den Krallen. Sie verhakeln sich und halten einander fest. Dann hacken sie aufeinander ein. Wenn der Schwächere nicht den Krallen des anderen entweichen kann, kann ein Kampf mit vielen Wunden oder gar dem Tod eines Tieres enden. Doch in den meisten Fällen reagieren die Gegner schon auf die Drohgebärden und lassen es zu keiner allzu ernsten Auseinandersetzung kommen.

Sogar Gesten der Verlegenheit kann man bei Papageien erkennen. Wird ein Vogel zum Beispiel intensiv beobachtet, kann es sein, daß er sich verlegen am Kopf kratzt oder von einem Bein auf das andere tritt. Vielleicht macht er auch eine Drehung um seine eigene Körperachse, oder er beginnt zu fressen.

Papageien in Käfig und Voliere

Wie lange halten Menschen schon Papageien?

Papageien gehören zu den ältesten Hausgenossen des Menschen. Schon die Ureinwohner Australiens und Neuguineas, die Eingeborenen Afrikas und die Indianer Südamerikas haben sich für diese Vögel interessiert. Sie holten junge Papageien aus Nestern, zogen sie auf und hatten ihre Freude an den zahmen Tieren. Schon damals wurden Papageien gefangen und gegessen. Viele Papageien mußten ihr Leben auch lassen, weil die Menschen die bunten Federn als Schmuck oder das Fleisch als Zaubermittel verwendeten.

Der Alexandersittich, benannt nach Alexander dem Großen, gilt als ältester „Stuben-Papagei" des Menschen.

Nach Europa kamen die ersten Papageien zur Zeit Alexanders des Großen, also vor über 2000 Jahren. Opesikritos, ein Steuermann aus seiner Flotte, brachte Halsbandsittiche aus Indien mit, die deshalb auch Alexandersittiche genannt werden. Im alten Rom wurden ebenfalls Papageien gehalten.

Mit dem aufblühenden Handel im Mittelalter kamen mehr und mehr Papageien aus fernen Ländern nach Europa und waren auch in Deutschland keine Seltenheit. Natürlich waren die Exoten zunächst Hausgenossen für den reichen Mann, vor allem ein Geschenk für Könige.

Im Jahr 1934 wurde der blühende Papageienhandel durch strenge Einfuhrverbote zurückgedrängt. Der Grund war die für Menschen früher oft tödlich verlaufende sogenannte Papageienkrankheit.

Heute gibt es wieder Bemühungen, den Handel mit wildlebenden Papageien einzuschränken oder zu stoppen. Allerdings ist der Grund jetzt ein anderer: Viele Papageien sind vom Aussterben bedroht oder gefährdet. Das liegt zum einen an der Umweltzerstörung, aber zum anderen an dem immer noch schwungvollen Handel.

Warum werden Papageien zahm?

Papageien sind sehr soziale Vögel, die ihr Leben lang mit einem Partner zusammenleben und sich auch oft mit anderen Artgenossen zeitweilig zusammenschließen. Sie lieben und brauchen die Gesellschaft. Wie ein Hund kann auch ein Papagei nicht lange allein sein.

In der Gefangenschaft sind sie gezwungen, mit Menschen zu leben. Sie gewöhnen sich deshalb früher oder später an diese Ersatz-Gesellschaft. Allein würden sie vor Trauer verkümmern und eingehen. Das gilt besonders für einzeln gehaltene

Papageien. Wir zwingen sie dazu, sich mit uns anzufreunden. Die Einzelhaltung von Papageien sollte es heute auf keinen Fall mehr geben.

Was braucht ein Papagei unbedingt in der Gefangenschaft?

Jedes Lebewesen sollte einen Platz haben, an den es sich zurückziehen kann, der sozusagen ihm allein gehört. Das kann bei Papageien der Käfig sein. Er dient ihnen als Futterplatz und Trinkstelle, mitunter auch als Schlafhöhle. Um das Gefühl zu haben, in einer Höhle zu schlafen, mögen es manche der Gesellen gern, wenn der Käfig nachts zugedeckt wird. Andere halten gar nichts von einem Käfig. Sie hocken lieber auf ihrem Kletterbaum oder schlafen in einem Kleiderschrank. Manche bevorzugen auch nur eine einfache Holzkiste als Schlafplatz.

Mit Hilfe eines sogenannten Katzennetzes werden ein Balkon oder eine Terrasse leicht in eine Voliere verwandelt.

In einer geräumigen Voliere fühlen sich Papageien wohler als in einem kleinen Käfig; ein Kletterbaum ist unentbehrlich.

Ein Kletterbaum ist ganz wichtig. Er muß frische oder etwas modernde Rinde haben, damit die Vögel viel Schnabelarbeit daran leisten können. Sie fressen an der Rinde und wetzen dabei ihren nachwachsenden Schnabel ab. Beim Turnen am Kletterbaum kräftigen sie gleichzeitig ihre Muskeln. Der Baum muß erneuert werden, wenn er abgeknabbert ist.

Der oder die Sitzplätze sollten so ausgesucht sein, daß sich die Vögel je nach ihren Wünschen sonnen, aber auch im Schatten sitzen können. Wenn die Käfigtür nie geschlossen wird, suchen sie sich selbst aus, was für sie am besten ist. Unter den Stammplatz sollte man eine Plastikfolie legen, die bequem von den oft fallenden Kothäufchen gesäubert werden kann. Manch ein Papagei braucht eine Schale mit Wasser, in der er ein Bad nehmen kann, andere bevorzugen es, mit einer Blumenspritze abgeduscht zu werden.

Während „Haus-Papageien", wie hier Graupapagei Vasco, gern ein Duschbad mit einer Blumenspritze nehmen (oben), bevorzugt zum Beispiel der Pennantsittich ein Vollbad (unten).

Einige Vögel wünschen jeden Tag ein Bad. Anderen genügt es einmal in der Woche. Wenn es sehr warm ist, baden auch sie täglich.
Futter gibt es im Zoohandel. Allerdings brauchen die gefiederten Hausgenossen zusätzlich Obst, Gemüse und manche auch tierisches Eiweiß. Ich bin, im Gegensatz zu vielen anderen, der Meinung, daß Papageien Fleisch fressen sollten. Es darf auch mal ein Ei oder ein Hühnerknochen – mit Fleisch daran – sein oder Fisch. Abwechslung kann auch hier nicht schaden. Nur sollte die Zusatzkost nicht gewürzt sein.

Warum tragen Papageien einen Ring?

Leider sind immer noch Papageien im Handel, die nicht gezüchtet, sondern gefangen wurden. Diese Tiere müssen zunächst auf Krankheiten untersucht werden und für sechs Wochen in die Quaran-

Vasco knabbert mit großem Appetit einen Hühnerknochen ab.

täne. Das bedeutet, sie werden eine Weile beobachtet, ob nicht in dieser Zeit Krankheiten ausbrechen.

Bevor er in den Handel kommt, erhält jeder Vogel einen numerierten Ring, der das amtliche Dokument für eine ordentliche Einfuhr und für die Einhaltung aller Gesundheitsvorschriften ist. Papageien ohne Fußring können geschmuggelt sein. Der Ring muß aber nicht unbedingt am Fuß bleiben. Er kann für den Vogel unangenehm sein. Der Tierarzt kann ihn entfernen.

Da solche Ringe nachgemacht werden können und der illegale Handel mit Papageien leider blüht, gibt es jetzt eine neue Methode zur Markierung, die wesentlich fälschungssicherer ist: den Mikro-Chip. Einem zuvor betäubten Vogel wird mit Hilfe einer Spritze ein solcher Chip unter die Haut gespritzt. Der Chip hat eine Kennung, die man mit einem Lesegerät abfragen kann.

Eine weitere Methode ist die DNS-Analyse. Da bei jedem Lebewesen der Träger der Erbinformation, die **D**esoxyribo**n**ukleins**ä**ure, individuell zusammengesetzt ist, läßt sich nachweisen, wer die Eltern eines Kükens sind. Man kann also mit dieser Methode feststellen, ob ein Papagei tatsächlich aus einer Zucht stammt oder ob er doch in der Natur gewildert wurde.

Was ist die Papageienkrankheit?

Diese Virusinfektion wurde früher Psittakose genannt, weil man sie nur bei Papageien kannte. Inzwischen weiß man, daß auch andere Vögel darunter leiden können. Sie wurde deshalb in Vogelseuche (Ornithose) umbenannt. Die Krankheit ist meldepflichtig, denn sie kann auch auf Menschen übertragen werden. Papageien können ohne weiteres nur Träger der Erreger dieser Krankheit, selbst aber gesund sein. Beim Menschen wirkt sie sich wie eine tückische Grippe aus. Sie ist heute selten und kann behandelt werden.

Selbstverständlich können die Vögel auch noch andere Krankheiten haben. Die meisten Papageien reagieren empfindlich auf Zugluft und können eine Erkältung oder sogar eine Lungenentzündung bekommen. Letztere endet oftmals tödlich. Sie können an Parasiten, wie Würmern oder Milben, oder an Pilzbefall leiden. Die Folge

Der Ring am Fuß trägt eine Erkennungsnummer – eine Art Personalausweis.

falscher Ernährung kann Durchfall oder Verstopfung sein. Alle diese Krankheiten darf man nicht auf die leichte Schulter nehmen, sondern man sollte den Tierarzt aufsuchen. Wenn ein Vogel mehr schläft als sonst oder wenn er nicht mehr fressen will, sind das typische Anzeichen für eine Erkrankung.

Papageien brauchen unseren Schutz

Warum sind Papageien gefährdet?

Papageien sind überaus lernfähige und anpassungsfähige, sehr intelligente Vögel. Im Laufe einer langen Evolution haben sie sich als lebenstüchtig und überlebensfähig erwiesen. So starben nur wenige Arten aus natürlichen Gründen aus. Wenn die meisten Arten heute um das Überleben kämpfen müssen, dann ist der Grund – und damit die Schuld – ausschließlich bei den Menschen zu suchen.

Zwar haben Eingeborene in Afrika, Südamerika oder in Australien schon immer Papageien gefangen, doch wurde der Bestand der Vögel dadurch kaum gefährdet. Heute werden Papageien für den Haustierhandel zu Tausenden aus der Natur entwendet, und Sammler bezahlen für besonders seltene Exemplare hohe Preise. Allein in die Länder der Europäischen Gemeinschaft gelangen jährlich fast 30 000 Graupapageien; nicht weniger groß ist die Nachfrage in Amerika.

Neben einem legalen Handel mit Papageien gibt es einen nicht zu übersehenden illegalen Handel. Das schlimmste ist: Je seltener oder gefährdeter die Arten, desto größer ist die Nachfrage, desto höher sind die Preise. Angebliche Liebhaber sind bereit, für Hyazintharas soviel zu bezahlen wie für ein Sportauto.

Da Papageien sehr empfindlich sind, sterben viele bereits beim Fang oder während des Transports. Von 100 Papageien überleben höchstens 20, um dann, ihrer Heimat beraubt, hinter irgendwelchen Gittern von Volieren oder Käfigen zu verkümmern. Um diesem Raubbau endlich ein Ende zu

Der Transport von wild gefangenen Papageien (hier Mohrenköpfchen) ist eine Leidensweg, den viele Tiere nicht überleben.

machen, lehnt die Deutsche Lufthansa seit 1991 ab, wild gefangene Vögel zu transportieren. Das war ein Schritt in die richtige Richtung. Doch ist zu befürchten, daß die Vogelhändler auf andere Fluggesellschaften ausweichen. Deshalb haben die USA und Deutschland vorgeschlagen, international den Transport von wildlebenden Vögeln zu verbieten. Schließlich gibt es inzwischen genug Möglichkeiten, mit schon in Gefangenschaft gehaltenen Vögeln zu züchten. Beste Beispiele sind Wellensittiche, Nymphensittiche und Unzertrennliche.

Aus der Natur dürfen von allen Arten keine Exemplare mehr entnommen werden. Und wenn Farmer in Australien oder Südamerika behaupten, manche Papageien seien die „Pest", weil sie über ihre Ernte herfallen, dann sollten die Menschen überlegen, warum die Vögel das tun. Oft genug sind sie nämlich darauf angewiesen, weil ihr natürlicher Lebensraum zerstört worden ist und sie kaum noch ihr natürliches Futter in ausreichendem Maß finden können.

Damit sind wir auch schon bei dem zweiten Verbrechen, das Menschen gegenüber den Papageien und der gesamten Natur verüben: die Lebensraumverknappung und -zerstörung. In allen Erdteilen werden in schwindelerregendem Tempo die tropischen Regenwälder und naturgewachsenen Biotope vernichtet. Wälder werden gerodet und ehemalige Naturparadiese zubetoniert und ausgebeutet. Wir sind dabei, unseren schönen Planeten zu verwüsten.

Da ist kein Platz mehr für Nahrungsspezialisten oder Kletterkünstler, für Papageien und Co.

Der Papageienhandel kennt keine Gnade. Hier wurde ein Mohrenköpfchen als Lockvogel festgebunden (oben). In viel zu engem Netz „warten" Kakadus (2. Bild) und Loris (3. Bild) auf ihren Abtransport. Oft beißen und hacken sich die verängstigten Vögel, die sich nicht ausweichen können, gegenseitig zu Tode. Nach qualvollem Sterben enden sie auf der Müllkippe (unten).

Beim Spix-Ara wird besonders deutlich,

Welches sind die besonders gefährdeten Arten?

daß menschliche Dummheit und Habgier allein verantwortlich sind für das Aussterben dieser schönen Art. Als sich der Vogelkundler Paul Roth 1986 in Brasilien, der Heimat dieser recht kleinen Aras, aufhielt, fand er nur noch 3 Überlebende. Ein paar Jahre zuvor sollte es noch 30 gegeben haben. Aber die Einheimischen schossen aus Spaß auf die Tiere, und Händler fingen sie ein. 1987 wurden 2 gefangen. 1991 soll noch 1 Tier in Freiheit gelebt haben, ohne jede Chance, einen Artgenossen, geschweige denn einen Geschlechtspartner zu finden.
Nicht viel besser ist es um den Lears Ara bestellt. Es gibt kaum noch 200 Überlebende, vielleicht sind es nur noch 60 Vögel. Damit ist dieser Ara aus dem Nordosten Brasiliens nach dem Spix-Ara der am meisten gefährdete Südamerikas. Außer der Nachfrage für den Handel bedroht wiederum die Lebensraumzerstörung diesen seltenen Vogel. Einheimische schießen ihn als Frischfleischlieferanten, und Bauern verfolgen ihn, weil er dem Vieh angeblich Konkurrenz macht. Beide Arten ernähren sich jedoch von den Früchten einer bestimmten Palmenart!
Traurigerweise gibt es heute keinen Ara mehr, der nicht gefährdet ist. Im Prinzip teilen sie alle dasselbe Schicksal: Verfolgung und Zerstörung des Lebensraums.
In anderen Erdteilen sieht das Los der Papageien auch nicht besser aus. Da ist der schon beschriebene Kakapo oder Eulenpapagei Neuseelands, den die Men-

Der aus Südamerika stammende Spix-Ara lebt fast nur noch in Gefangenschaft. In der Natur fand man 1991 nur noch einen Vogel.

Obwohl der Molukkenkakadu sehr sensibel und laut ist, wurden viele Tiere gefangen. Er ist vom Aussterben bedroht.

schen indirekt auf dem Gewissen haben. Besonders schlimm sind die Auswirkungen von Fang und Biotopzerstörung bei kleinen Populationen, wie solchen, die auf Inseln leben, also ein nur kleines Verbreitungsgebiet haben. Solche Tiere sind bei Sammlern wegen ihrer Seltenheit besonders gefragt. Der Ausverkauf macht sich schnell bemerkbar. So bei einigen Kakadus in Indonesien, beispielsweise dem Molukkenkakadu: Zu viele Tiere wurden jährlich von der indonesischen Regierung für den Export freigegeben. Allein im Jahr 1986 waren es über 7 000. Dabei war das Verbreitungsgebiet dieses rosafarbenen Vogels nicht sehr groß. Der Bestand dürfte folglich immer recht klein gewesen sein. Die Tropenwälder, die diese Kakadus zum Leben brauchen, sind fast völlig zerstört. Im letzten Rückzugsgebiet, einem Nationalpark, gibt es nur noch wenige Exemplare.

Abholzung von Wäldern zur Edelholzgewinnung und Landwirtschaft machen auch dem Palmkakadu das Leben schwer. Diese grauschwarzen Vögel Neuguineas und Australiens hatten gleichermaßen von Natur aus ein kleines Verbreitungsgebiet.

Ein leider typisches und erschreckendes Beispiel liefert die Puerto-Rico-Amazone, die auf der gleichnamigen Karibikinsel zu Hause ist. Während die Vögel Mitte des vorigen Jahrhunderts noch in großen Schwärmen vorkamen, haben Bevölkerungswachstum und Urwaldabholzung ihnen mit Beginn unseres Jahrhunderts das Überleben schwergemacht. Ihr Lebensraum ist fast zerstört worden. Als 1953 erstmals versucht wurde, diesen Vogel zu retten, zählten Ornithologen nur noch 200 Tiere. Ein Jahr später ermittelten sie 16 Brutpaare, die insgesamt 33 Eier gelegt hatten. Davon waren 8 unbefruchtet, 6 von Ratten und 2 von Spottdrosseln zerstört worden. Die Folge: Nur 14 Küken wuchsen heran. Das ist eine erschreckend niedrige Fortpflanzungsrate. Aber es ging noch weiter bergab mit dem Bestand. 1968

Der Hellrote Ara – hier kurz vor einem Abflug – wird von Einheimischen in Südamerika auch wegen seiner bunten Federn gefangen.

fanden die Experten nur noch 24 Überlebende. Kriegsübungen und Abschüsse sowie Straßenbauarbeiten hatten den Vogel fast ausgerottet.

Trotz intensiver Schutzbemühungen konnte sich der Bestand bisher nicht erholen. Die Vögel suchen häufig vergebens nach geeigneten Nistgelegenheiten. Die ehemaligen Brutbäume sind entweder von Nesträubern oder von einem der zahlreichen Hurrikane zerstört worden. Hinzu kommt, daß sie der Konkurrenz mit anderen Tieren hilflos ausgesetzt sind. Von Menschen eingeschleppte Bienen oder Spottdrosseln besetzen ihre Höhlen. Zudem stellen ihnen Feinde nach, wie Greifvögel, und besonders Jungvögel leiden unter Parasiten.

Ein Papageien-Schwarm von der früher normalen Größe hätte die Greifvögel sicher eher in die Flucht geschlagen. Je

kleiner ein Bestand geworden ist, um so anfälliger ist er auch gegen jegliche Gefahr.
Inzwischen hat sich die kleine Gruppe halten können. 1987 war die Zahl auf 83 Puerto-Rico-Amazonen angewachsen, von denen aber 42 in Gefangenschaft gehalten werden. Sie überleben nur mit vielen Tricks, wie durch künstliche Aufzucht und Auswilderung aus der Gefangenschaft. Es ist deshalb sehr fraglich, ob diese Amazone noch überleben kann. Wenn nicht, hat der Mensch eine weitere Tierart auf dem Gewissen.
Sehr ähnlich ist die Geschichte des Echosittichs auf Mauritius. 1987 konnten Experten nur noch 8 dieser Vögel entdecken. Das Hauptproblem für den kleinen grünen Inselbewohner war einmal wieder, daß Menschen Feinde in seine Umwelt eingeschleppt haben, mit denen er nicht fertig werden kann: Ratten, Ziegen, Katzen und Hunde sowie Affen. Trotzdem konnte sich der Vogel noch nach dem 16. Jahrhundert eine Zeitlang halten. Er hatte sich in einen unwegsamen Teil der Insel zurückgezogen. Doch dann haben Menschen dafür gesorgt, daß sich der mit ihm nahe verwandte Halsbandsittich ausbreiten konnte. Nun hat der Echosittich gegen den anpassungsfreudigen Konkurrenten keine Chance mehr. Wir werden daher schon bald Zeugen sein, wenn der letzte Echosittich stirbt. Jede Hilfe kommt für ihn zu spät.

Welche Gesetze schützen die Papageien?

Es gibt eine Vielzahl von Bemühungen, den Ausverkauf und die Ausrottung von Tieren zu stoppen und zu verhindern. Manche Länder, wie Brasilien, haben jeden Handel mit oder Fang von Papageien oder anderen Tieren strengstens verboten. Auch Australien und Neuseeland haben solche Tier- und Naturschutzgesetze. Weiterhin gibt es internationale Bemühungen, den Handel nur mit ungefährdeten Arten

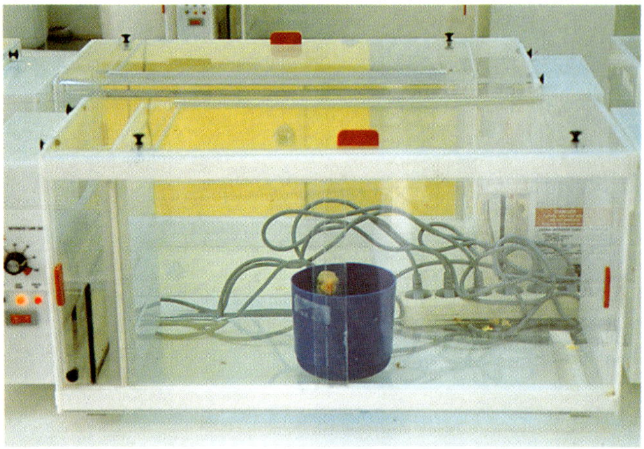

Wenn Papageieneltern ihre Küken nicht annehmen, werden sie – hier im Loro Parque auf Teneriffa – im Brutkasten aufgezogen.

zuzulassen. Dem „Washingtoner Artenschutzübereinkommen" (WA) sind rund 110 Länder angeschlossen. Für die Europäische Gemeinschaft gelten Bestimmungen, die oft noch strenger sind, als es das WA fordert.
Und doch geht der Ausverkauf der Natur gnadenlos weiter. Skrupellose Geschäftemacher denken nur ans Geldverdienen. Sie interessieren sich nicht für das Leid, das viele Papageien erwartet, wenn sie, ihrer natürlichen Umwelt beraubt, in Käfigen eingesperrt leben müssen.
Da hilft letzten Endes nur das eine: Verzicht. Niemand sollte weiterhin Vögel aus Wildbeständen kaufen und hinter Gitter sperren. Denn immer noch bestimmt die Nachfrage das Angebot!

Können wir Papageien vor dem Aussterben bewahren?

Obwohl die Erde nicht allein den Menschen gehört, sondern allen Lebewesen, nehmen die Menschen kaum Rücksicht auf ihre vierbeinigen oder gefiederten Mitbewohner. Raubbau und Umweltzerstörung gehen weiter.
Die Natur kann sicher ohne den Menschen auskommen, die Menschen aber nicht ohne die Natur. Wir sind abhängig von Klima und Wasser, von den Regenwäldern

als Sauerstofflieferant und einer intakten Ozonschicht in der Atmosphäre ...
Stets versuchen die Menschen erst dann eine von ihnen verursachte Katastrophe zu verhindern oder wiedergutzumachen, wenn es schon fast zu spät ist. Die Meere werden immer noch als Müllkippe mißbraucht, obwohl 1988 in der Nordsee 18 000 Seehunde sterben mußten. Sogenannte Ozonkiller sind immer noch im Einsatz, obwohl das Ozonloch ständig größer wird.

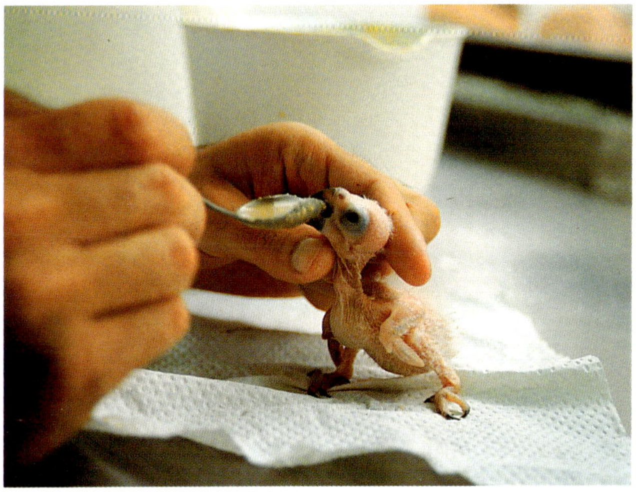

Mehrmals täglich müssen die vom Menschen aufgezogenen Küken mit einem Kropfmilchersatz gefüttert werden.

Mit dem Schicksal der Papageien ist es ähnlich. Nachdem Echosittich und Spix-Ara mit der größten Wahrscheinlichkeit keine Chance mehr haben, zu überleben, werden Versuche zu ihrer Rettung gestartet. Was hat es aber für einen Sinn, wenn ein paar wenige Ausstellungsstücke in einem Zoo oder Vogelpark zu betrachten sind?
Die Nachzucht in der Gefangenschaft kann immer nur die allerletzte Hilfsmaßnahme sein. Sie hat aber auch dann nur Sinn, wenn es gelingt, die Umwelt der betreffenden Art zu erhalten, und wenn in der natürlichen Umwelt noch wildlebende Artgenossen vorkommen. Bei zu wenigen Überlebenden sind Inzucht und Degenerationserscheinungen die Folge. Das Aussterben würde nur verzögert. Tiere aus der Gefangenschaft können viele Verhaltensmerkmale, die sie normalerweise von ihren Eltern und der Umwelt lernen, nicht übernehmen. Das trifft besonders für hochentwickelte Tiere, wie Säugetiere, zu, aber auch für die intelligenten und damit komplizierten Papageien.

Darf jedermann Papageien halten und züchten?

Seit ein paar Jahren muß jeder, der ein exotisches Haustier hält, dieses bei der Naturschutzbehörde anmelden. Dazu gehören auch Papageien, mit Ausnahme von bei uns gezüchteten Wellensittichen, Nymphensittichen und Kleinen Alexandersittichen. Bei der Behörde werden diese Tiere registriert. Tiere, die geschmuggelt wurden oder nicht von Privatpersonen gehalten werden dürfen, können beschlagnahmt werden.
Wenn man ein meldepflichtiges Tier mit auf Reisen nimmt oder an einen anderen Wohnort bringt, muß auch dieses gemeldet werden. Dazu braucht man eine sogenannte CITES-Bescheinigung. Die gibt es bei der Naturschutzbehörde eines Bundeslandes. Sie ist so etwas wie ein Paß für ein exotisches Tier.

Die Papageienaufzucht von Hand muß in einer sterilen Umgebung (hier mit Fenster für Zuschauer) erfolgen.

Wellensittiche werden in vielen Farbschlägen und Gefiederzeichnungen gezüchtet, hier eine kleine Auswahl.

Sowohl nach der Bundesartenschutzverordnung als auch nach dem Bundesnaturschutzgesetz darf eine Reihe von Tieren nicht mehr gehalten werden. Dazu gehören auch fast alle heimischen gefährdeten Arten. Danach ist es auch verboten, solche Tiere für den Verkauf zu züchten.
Wer also ein Papageienpärchen hält, darf dennoch nur züchten, wenn er eine Sondergenehmigung hat. Der Gesetzgeber will damit verhindern, daß auch nur die kleinsten illegalen Geschäfte eine Chance haben.

INTERNATIONAL FUND FOR ANIMAL WELFARE

DEUTSCHER TIERSCHUTZBUND

INSTITUT FÜR PAPAGEIENFORSCHUNG (IPF) e.V.
- Forschungsstelle für Ethologie und Artenschutz -

Obwohl sich heute viele Tier- und Naturschutzorganisationen mit dem Schutz und dem Erhalt von Papageien beschäftigen, sind fast alle Arten gefährdet. Neben dem Handel sind daran vor allem die Umweltzerstörung und die Lebensraumverknappung schuld.

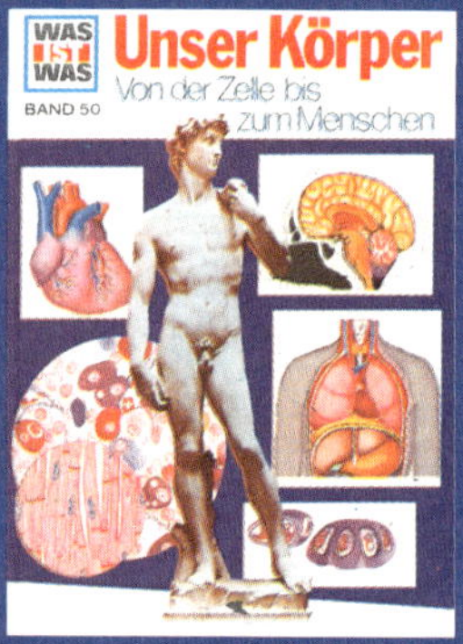

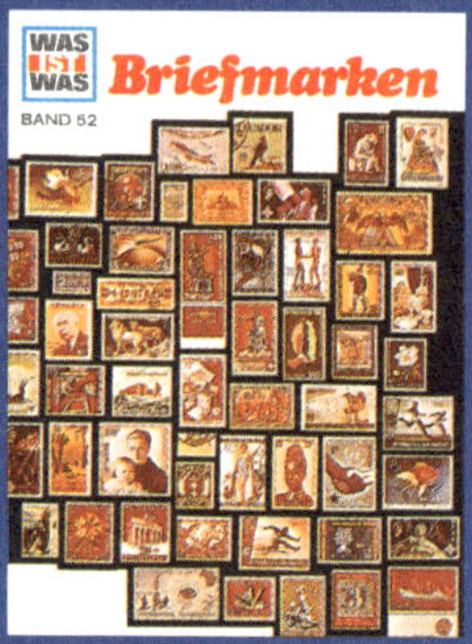

Die Reihe wird fortgesetzt.